In Partnership with
KNOWLEDGE INDIA Publication

सार्थक सीरीज

आंतरिक सुरक्षा

UPSC M **GS 3**

Mains Handwritten Notes

UPSC & State PSC परीक्षाओं के लिए समान रूप से उपयोगी

S. CHAND PUBLISHING

S Chand And Company Limited

(ISO 9001 Certified Company)

एस चन्द एण्ड कम्पनी लिमिटेड
(ISO 9001 Certified Company)
Head Office: D-92, Sector–2, Noida 201301, U.P. (India), Ph. 91-120-4682700
Registered Office: A-27, 2nd Floor, Mohan Co-operative Industrial Estate, New Delhi – 110 044, Phone: 011-49731800
www.schandpublishing.com; e-mail: info@schandpublishing.com

मार्केटिंग ऑफिसः

चेन्नई	:	Ph: 23632120, chennai@schandpublishing.com
गुवाहाटी	:	Ph: 2738811, 2735640 guwahati@schandpublishing.com
हैदराबाद	:	Ph: 40186018, hyderabad@schandpublishing.com
जालंधर	:	Ph: 4645630, jalandhar@schandpublishing.com
कोलकाता	:	Ph: 23357458, 23353914, kolkata@schandpublishing.com
लखनऊ	:	Ph: 4003633, lucknow@schandpublishing.com
मुम्बई	:	Ph: 25000297, mumbai@schandpublishing.com
पटना	:	Ph: 4011400, patna@schandpublishing.com

प्रथम संस्करण 2026

ISBN : 978-93-7359-289-3 **Product Code:** H1SSA47PLSC20HIAA26O

भारत में,
श्री श्यामलाल प्रिंटिंग प्रेस प्राइवेट लिमिटेड, प्लाट नं. 20/4, साइट-4, इंडस्ट्रियल एरिया, साहिबाबाद, गाजियाबाद-201010
द्वारा मुद्रित एवं एस चंद एण्ड कम्पनी लिमिटेड, ए-27, द्वितीय तल, मोहन कोऑपरेटिव इंडस्ट्रियल एस्टेट, नई दिल्ली-110 044 द्वारा प्रकाशित।

विषय सूची

S. No.	Particulars	Page
1.	विकास और उग्रवाद के प्रसार के बीच संबंध	1
2.	आंतरिक सुरक्षा के लिए चुनौतियां पैदा करने में बाहरी राज्य और गैर राज्य अभिकर्ताओं की भूमिका	40
3.	संचार नेटवर्क के माध्यम से आंतरिक सुरक्षा चुनौतियों में मीडिया और सोशल नेटवर्किंग साइटों की भूमिका, साइबर सुरक्षा की मूल बातें	56
4.	संचार नेटवर्क के माध्यम से आंतरिक सुरक्षा चुनौतियों में मीडिया और सोशल नेटवर्किंग साइटों की भूमिका, साइबर सुरक्षा की मूल बातें	96
5.	सीमावर्ती क्षेत्रों में सुरक्षा चुनौतियां और उनका प्रबंधन - संगठित अपराध और आतंकवाद का संबंध	106
6.	विभिन्न सुरक्षा बल और एजेंसियां तथा उनका अधिकार क्षेत्र	142

1 विकास और उग्रवाद के प्रसार के बीच संबंध

GS-III (आंतरिक सुरक्षा)

पाठ्यक्रम

- विकास और उग्रवाद के प्रसार के बीच संबंध ।
- आंतरिक सुरक्षा के लिए चुनौतियां पैदा करने में बाहरी राज्य और गैर राज्य अभिनेताओं की भूमिका ।
- संचार नेटवर्क के माध्यम से आंतरिक सुरक्षा के लिए चुनौतियाँ, आंतरिक सुरक्षा चुनौतियों में मीडिया और सोशल नेटवर्किंग साइटों की भूमिका, साइबर सुरक्षा की मूल बातें ।
- धन शोधन और इसकी रोकथाम ।
- सीमावर्ती क्षेत्रों में सुरक्षा चुनौतियों और उनका प्रबंधन - संगठित अपराध और आतंकवाद का संबंध ।
- विभिन्न सुरक्षा बल और एजेंसियों तथा उनका अधिदेश ।

विकास और उग्रवाद के प्रसार के बीच संबंध(PYQ)

Q. भारत सरकार ने हाल ही में कहा है कि वामपंथी उग्रवाद (LWE) को 2026 तक समाप्त कर दिया जाएगा। आप वामपंथी उग्रवाद से क्या समझते हैं और लोग इससे कैसे प्रभावित होते हैं? वामपंथी उग्रवाद को समाप्त करने के लिए सरकार ने क्या उपाय किए हैं? (2025, 10 अंक)

Q. नक्सलवाद एक सामाजिक, आर्थिक और विकासात्मक मुद्दा है जो आंतरिक सुरक्षा के लिए एक हिंसक खतरे के रूप में प्रकट होता है। इस संदर्भ में उभरते मुद्दों पर चर्चा कीजिए और नक्सलवाद के खतरे से निपटने के लिए एक बहुस्तरीय रणनीति तैयार कीजिए। (2022, 15 अंक)

Q. भारत के पूर्वी भाग में वामपंथी उग्रवाद के निर्धारक क्या हैं? प्रभावित क्षेत्रों में खतरों के प्रतिकार्य भारत सरकार नागरिक प्रशासन व सुरक्षा बलों को किस प्रकार की रणनीति को अपनाना चाहिए। (UPSC-2020)

Q. वामपंथी उग्रवाद में अधोमुखी प्रवृति दिखाई दे रही है, परंतु अभी भी देश के अनेक भाग इससे प्रभावित हैं। वामपंथी उग्रवाद द्वारा प्रस्तुत चुनौतियों का विरोध करने के लिए भारत सरकार के दृष्टिकोण को संक्षेप में स्पष्ट कीजिए। (UPSC-2017)

Q. पूर्वोत्तर राज्यों में आंतरिक सुरक्षा और शांति प्रक्रिया के लिए प्रमुख चुनौतियाँ क्या हैं ? पिछले दशक में सरकार द्वारा शुरू किए गए विभिन्न शांति समझौतों का विवरण कीजिए। (2025, 15 अंक)

"जब तक विश्व में असंख्य लोग पीड़ित व वंचित हैं, तब तक कोई भी व्यक्ति सहज और सुरक्षित महसूस नहीं कर सकता।"

विकास के मुख्य आयाम

- आर्थिक विकास
  - रोजगार
  - प्रति व्यक्ति आय
- सामाजिक विकास
  - लिंग समानता
  - भेदभाव अंत
  - सामाजिक सुरक्षा
- राजनीतिक विकास
  - लोकतंत्र
  - नागरिक स्वतंत्रता आदि
- मानव विकास
  - स्वास्थ्य
  - शिक्षा
  - मानवाधिकार
- आधारभूत संरचना
  - सड़क
  - यातायात
  - संचार
- संधारणीय विकास
  - जीवजंतु
  - पर्यावरण सुरक्षा
- प्रशासनिक विकास
  - सुशासन
  - जनभागीदारी
  - पारदर्शिता

उग्रवाद (Extremism) :- राजनीतिक या वैचारिक लक्ष्यों की प्राप्ति के लिए हिंसा या कट्टरपंथी साधनों का प्रयोग है।

उग्रवाद के प्रकार

- धार्मिक अतिवाद — उदा.→ इंडियन मुजाहिदीन, खालिस्तान समूह
- वामपंथी उग्रवाद — उदा.→ रेड कॉरीडोर
- दक्षिणपंथी उग्रवाद
- शहरी उग्रवाद
- जातीय उग्रवाद
- अलगाववादी उग्रवाद

दक्षिणपंथी उग्रवाद :- आक्रामक राष्ट्रवाद और सांस्कृतिक श्रेष्ठता से प्रेरित होकर, घृणा, अपराध, भीड़, हिंसा और अल्पसंख्यकों के प्रति असहिष्णुता को बढावा देता है।

जातीय उग्रवाद :- स्वायत्तता या अलगाव की मांग करने वाली भाषायी या क्षेत्रीय पहचान पर आधारित। उदा- असम में उल्फा, मणिपुर-त्रिपुरा में, NSCN नागालैंड में।

अलगाववादी उग्रवाद :- ऐसे आंदोलन जिनका उद्देश्य भारत से अलग होना है।

उदा. - जम्मू- कश्मीर में, खालिस्तान आंदोलन

⇒ उग्रवाद के विकास और प्रसार के लिए कारक

- सामाजिक - आर्थिक असमानता :- गरीबी, बेरोजगारी, शिक्षा और बुनियादी सेवाओं तक पहुँच का अभाव उग्रवाद का प्रमुख कारण है

↳ कट्टरपंथी विचारधाराओं के प्रति अधिक संवेदनशील

उदा.- म्यान्मार (रोहिंग्या मुद्दा)

↳ जातीय भेदभाव ने कट्टरपंथ को बढ़ावा दिया।

उदा. - क्षेत्रीय असमानता

↳ नक्सल आंदोलन (छत्तीसगढ़ खनन)

उदा. - नाइजीरिया (बोको- हराम)

↳ गरीबी और विकास की कमी ने आतंकवाद को जन्म दिया।

- राजनीतिक :-

- शासन की विफलता + भ्रष्टाचार + लोकतांत्रिक संस्थाओं पर जनता का भरोसा हटना
- अत्यधिक केन्द्रीकरण - स्थानीय समस्याओं की अनदेखी
- प्रतिनिधित्व का अभाव

अतः शिकायतों के समाधान के लिए आमूल-चूल परिवर्तन आवश्यक।

Eg पूर्वोत्तर भारत (मणिपुर, नागालैण्ड, मिजोरम)

↳ राजनीतिक अपेक्षा तथा स्वायत्तता की मांग

Eg श्रीलंका (LTTE आंदोलन)

तमिलों के साथ राजनीतिक भेदभाव ने उग्रवाद को जन्म दिया।

- धार्मिक और वैचारिक हेरफेर
  ↳ अतिवादी समूह धार्मिक, सांस्कृतिक या वैचारिक भावनाओं का उपयोग करके लोगों को भर्ती करते हैं और उन्हें कट्टरपंथी बनाते हैं। उदा.- ISIS

- राज्य दमन और मानवाधिकार उल्लंघन
  ↳ अधिनायकवाद, अत्यधिक बल प्रयोग और असहमति का दमन → आक्रोश बढाते हैं।
  ↳ सुरक्षा बलों का कठोर रवैया → AFSPA से असंतोष

- पहचान का संकट और सांस्कृतिक अलगाव। दमन
  ↳ विशेष रूप से अल्पसंख्यकों के बीच एक मनोवैज्ञानिक शून्यता पैदा करता है। चरमपंथी क्रोध को भड़काने और कट्टरपंथी विचारधारा को बढावा देने के लिए इस भेद्यता का फायदा उठाते हैं।
  (भाषा, संस्कृति, जातीय अस्मिता की रक्षा)
  eg → असम आंदोलन

- विकास और बुनियादी ढाँचे का अभाव -
  ↳ पिछड़ा विकास + खराब प्रशासन + सड़क + स्वास्थ्य + सेवा + स्कूल जैसी बुनियादी सेवाओं का अभाव असंतोष को जन्म देता है। (चरमपंथी समूह फायदा)
  eg → नक्सल क्षेत्र

- संघर्ष क्षेत्र और अस्थिरता
  ↳ उग्रवाद के लिए उपजाऊ जमीन प्रदान

उदा - सिरिया और इराक, अफगानिस्तान में

- बाह्य प्रभाव और कट्टरपंथी नेटवर्क

सीमापार आतंकवाद, विदेशी वित्तपोषण, सोशल मीडिया और एन्क्रिप्टेड प्लेटफार्म के माध्यम से online कट्टरता चरमपंथी विचारधाराओं को फैलाने में मदद करती है।

eg भारत में कश्मीर में आतंकवाद - पाकिस्तान का समर्थन

eg NE में चीन द्वारा कट्टरपंथी समूहों को बढावा

- तकनीकी कारक + सुरक्षा कारक + भौगोलिक कारक आदि

⇒ विकास के अभाव से उत्पन्न उग्रवाद के प्रमुख प्रभाव

- गरीबी और आजीविका संकट
  ↳ भर्ती का आसान धरातल

उदा- नक्सल प्रभावित आदिवासी युवाओं को State of people के नेरेटिव में आसानी से जोड़ा गया।

- क्षेत्रीय असमानता + अलगाव की भावना + सामाजिक असमानता

उदा - N.E. में

- विस्थापन और संसाधन संघर्ष

  उदा. - नर्मदा बांध प्रोजेक्ट, छत्तीसगढ खनन प्रोजेक्ट

- सामाजिक बहिष्करण + पहचान संकट

  उदा- असमिया अस्मिता की रक्षा

- समान्तर सरकारें (Parallel government)

  ↳ नक्सल क्षेत्रों में जनता अदालत (राज्य की वैधता को कमजोर करता है और उग्रवाद को स्थायी रूप से)

- अपर्याप्त शिक्षा और जागरूकता का अभाव

  ↳ शिक्षा में निवेश ↓, आलोचनात्मक सोच ↓ जागरूकता को सीमित करती है → व्यक्ति अतिवादी प्रचार के प्रति अधिक संवेदनशील।

- खराब शासन + भ्रष्टाचार + राजनीतिक अस्थिरता + हताशा या कुंठा

अत: विकास की कमी चरमपंथी विचारधाराओं की जड़ें जमाने के लिए उपजाऊ जमीन तैयार करती है।

⇒ विकासात्मक पहल और उग्रवाद का मुकाबला करने में उनकी भूमिका -

- आर्थिक अवसर सृजन

  ↳ रोजगार + स्वरोजगार + आजीविका → युवाओं की विद्रोही समूहों में भूमिका कम

(eg)→ उड़ान और हिमायत स्कीम (J&K)
(कौशल विकास)

(eg)→ दीनदयाल उपाध्याय - ग्रामीण कौशल विकास योजना

(eg)→ TATA steel CSR के अन्तर्गत ITI ट्रेनिंग (झारखण्ड में)
↓
नक्सल युवाओं की भर्ती में कमी

- सामाजिक न्याय और समावेशन
  - ↳ शिक्षा + स्वास्थ्य + बुनियादी सेवाएँ
  - ↳ समाज की मुख्यधारा से जुड़ाव

उदा. - शिक्षा का अधिकार एक्ट 2009, आकांक्षी जिला/ब्लॉक कार्यक्रम

- सामाजिक - राजनीतिक विश्वास निर्माण + राजनीतिक समावेश
  - ↳ लोकतांत्रिक संस्थाओं में भागीदारी बढ़ाना + हिंसा विकल्पों से दूर
  - ↳ पंचायती राज संस्थाओं का सशक्तिकरण

उदा. - त्रिपुरा में surrender and Rehabilitation scheme + पंचायत चुनाव

- आधारभूत संरचना का विकास

उदा - प्रधानमंत्री ग्राम सड़क योजना, उड़ान स्कीम, मोबाइल नेटवर्क

सड़क + बिजली + डिजिटल कनेक्टिविटि → प्रशासन तक पहुँच

- सांस्कृतिक और पहचान का संरक्षण
  - ↳ विकास के साथ-साथ स्थानीय संस्कृति, भाषा और परंपरा को मान्यता देना।

उदा. - पी.एम. जनमन, आदि महोत्सव, नागालैण्ड में स्वायत्त संस्था

- स्वास्थ्य + शिक्षा + कौशल ⇒ सामाजिक गतिशीलता

उदा. - आंध्रप्रदेश का "गिरिजन विकास प्लान"
↓
जनजातीय उपयोजना + स्कूल + अस्पताल + मोबाइल यूनिट

उदा. बस्तर ओलंपिक, दंतेवाड़ा मॉडल

- State - society trust building
↳ विकास कार्य प्रशासन को दमनकारी शक्ति से लोकहित- -कारी संस्था में बदलते हैं।

उदा. कलादान + PDS + DBT

Tribal sub plan + बोगीबील पुल

- सामाजिक सामंजस्य और अंतर सामुदायिक संवाद को बढावा देना
- संघर्ष समाधान + शांति स्थापना ⇒ संवाद + विकास + विश्वास निर्माण

⇒ विकास और उग्रवाद के बीच संबंधो को स्थापित करने में चुनौतियाँ :-

1) भौगोलिक और भौतिक बाधाएँ

उदा. -त्रिसंगम सिद्घान्त

2) विदेशी और बाह्य हस्तक्षेप और उनकी सीमाएँ

3) राजनीति और प्रशासक → भ्रष्टाचार, प्रशासन की धीमी प्रतिक्रिया, नीति अस्थिरता।

4) टाइम लेग इफेक्ट (विकास के परिणाम तुरंत नहीं दिखे)

5) सुरक्षा खतरे → कर्मचारियों पर हिंसा / सुरक्षाबलों पर
+
तकनीकी खतरे (सोशल मीडिया)

6) वित्तीय मुद्दे तथा युवाओं का कट्टरपंथीकरण

7) विश्वसनीयता तथा विकास और सुरक्षा ऐजेंसियों के बीच समन्वय

8) सामाजिक और सांस्कृतिक ⇒ स्थानीय + भाषा + संस्कृति का उपेक्षित होना।

(*)
उग्रवाद चक्र तोड़ना = समावेशी विकास + न्यायपूर्ण शासन + राजनीतिक संवाद + डिजिटल निगरानी + सुरक्षा + सीमा प्रबंधन

उग्रवाद के कारण

- जल-जंगल जमीन → आदिवासियों के परम्परागत अधिकारों का हनन
- भौगोलिक एवं ऐतिहासिक कारक
- बाह्य कारक - Proxy war
- आर्थिक - बेरोजगारी गरीबी
  उदा. - झारखण्ड (बस्तर) आधारभूत ढाँचा
- जाति-जनजाति कारक (विस्थापन)
- विचारधारा आधारित उग्रवाद (माओवाद)
- सामाजिक
  ↳ सामाजिक असमानता, मताधिकारों का हनन
- सुशासन का अभाव
  ↳ कमजोर कानून अनुपालन
  ↳ सरकारी योजनाओं का कुप्रबंधन
- राजनीतिक कारण (सरकार में जनभागीदारी कम)
- क्षेत्रीय असमान विकास
  eg- पूर्वोत्तर भारत
- सांस्कृतिक कारक
  eg- नागालैंड, मणिपुर

उग्रवाद का समाधान व विकास रणनीति

- **सुरक्षा आधारित दृष्टिकोण**
  - → सुरक्षात्मक विधियों का प्रभावी अनुपालन
  - तकनीक → Drone + AI + सैटेलाइट आदि
  - → सुरक्षा बलों की winning heart and mind रणनीति हो

  उदा:- समाधान पहल, राष्ट्रीय सुरक्षा व्यय योजना
  - ग्रे हाउण्डस फोर्स द्वारा सामुदायिक पुलिसिंग
  - "सलवा जुडुम" मॉडल

- **विकास आधारित दृष्टिकोण**
  - → आधारभूत संरचना में सुधार
  - → शिक्षा + स्वास्थ्य + जीवन स्तर + रोजगार + कौशल etc.
  - → खाद्य सुरक्षा
  - → सतत एवं समावेशी विकास को बढ़ावा

  उदा.- आकांक्षी जिला कार्यक्रम

- **सामाजिक - सांस्कृतिक दृष्टिकोण**
  - → सामाजिक सुरक्षा
  - → भाषा + जातीय + संस्कृति की पहचान बनाए रखना
  - → उदा. → "एक भारत श्रेष्ठ भारत" पहल
    - → "युवा संगम पहल"; काशी तमिल संगम

- **आर्थिक + आजीविका आधारित दृष्टिकोण**
  - → रोजगार व कौशल विकास

  उदा. - Skill India, हिमायत एवं उड़ान स्कीम, PM जनमन, PM युनिटी मॉडल, ट्राइबल इंडिया, PM वनधन योजना, PM-Divine scheme आदि।

- संवाद व विश्वास निर्माण
  ↳ आदिवासी अधिकारों की सुरक्षा

  उदा.→ PESA एक्ट, वन अधिकार एक्ट 2006, पंचायती राज, नागा पीस अकॉर्ड

- संघर्ष प्रभावित समुदायों के प्रति संवेदनशीलता + सुशासन + मानवाधिकार संरक्षण + संस्थागत एवं नीतिगत सुधार

- "सबका साथ, सबका विकास, सबका विश्वास" दृष्टिकोण

भारत में वामपंथी उग्रवाद/नक्सलवाद/माओवादी विद्रोह

- केन्द्र सरकार घोषणा हाल ही में 31 मार्च 2026 तक नक्सलवाद को समाप्त करने का लक्ष्य रखा।
- वामपंथ उग्रवाद से प्रभावित जिलों की संख्या 126 (2014) से घटकर केवल 12 (2024) रह गई है।
- नक्सलवाद के कारण सुरक्षा बलों की हताहतों की संख्या में 73% की कमी आई है, जबकि नागरिक हताहतों की संख्या में 70% की कमी आई है।
- गृह मंत्रालय :- 2010 की तुलना में 2022 में नक्सल प्रभावित राज्यों में 77% की कमी आई है।

- वामपंथी उग्रवादी ऐसे समूह या व्यक्ति हैं जो कट्टरपंथी वामपंथी विचारधाराओं का समर्थन करते हैं और हिंसक तरीकों से सत्ता की स्थापित प्रणालियों को उखाड़ फेंकने का प्रयास करते हैं।

- भारत में नक्सली विद्रोह की शुरुआत 1967 में प. बंगाल के नक्सलबाड़ी में विद्रोह से

कारण
→ कम मजदूरी
→ महिलाओं से दुर्व्यवहार
→ किसानों की जमीन पर कब्जा
→ बाल श्रम

शोषण
→ जमींदार
→ बागान मालिक
→ पुलिस प्रशासन

भारत में नक्सलवाद के विकास के चरण

- प्रारंभिक चरण (1967 - 1972) :- (नक्सलबाड़ी चरण)

→ मई 1967 नक्सलबाड़ी से आंदोलन की शुरुआत

→ 1969 मार्क्सवादी - लेनिनवादी CPI पार्टी की स्थापना (CPI-ML)

→ विस्तार - प. बंगाल, ओडिशा, बिहार, आन्ध्रप्रदेश

→ लक्ष्य
→ माओवाद - लंबा जन आंदोलन
→ गोरिल्ला युद्ध
→ ग्रामीण क्षेत्रों में क्रांतिकारी गतिविधियाँ

→ 1972 - चारु मजूमदार मृत्यु के साथ ही नक्सलवादी आंदोलन कमजोर

- दूसरा चरण (1972-2004) :- (आपातकाल के बाद)

→ पुनः नक्सलवाद का विस्तार - बिहार, ओडिशा, आंध्रप्रदेश छत्तीसगढ़ ।

→ 1980 : CPI-ML- पीपुल्स वार ग्रुप (PWG)
↓
आंध्रप्रदेश ⇒ पुलिस कर्मियों की हत्याएं

- तीसरा चरण (2004 के बाद)

→ CPI - माओवादी संगठन स्थापित
↳ UAPA-1967 के तहत आतंकवादी संगठन घोषित

→ CPI-M द्वारा 2005-06 के बाद हिंसक घटनाओं में वृद्धि

→ 40K मजबूत सदस्यों का संगठन

हिंसक घटनाएँ : अप्रैल 2010 दंतेवाडा, छत्तीसगढ़ माओवादियों द्वारा 76 सशस्त्र पुलिसकर्मियों की हत्या

- 2013 - छत्तीसगढ़ - 27 राजनीतिज्ञों की हत्या
- अप्रैल 2021 - सुकमा, छत्तीसगढ़ में सुरक्षा बलों पर हमला ।

भारत में नक्सल प्रभावित क्षेत्र

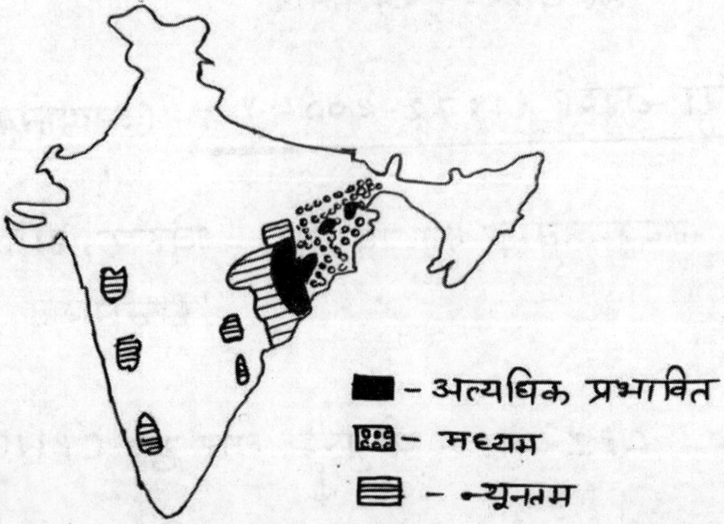

लाल - गलियारा :- छत्तीसगढ, झारखंड, बिहार, प. बंगाल, आंध्रप्रदेश, तेलंगाना, महाराष्ट्र, मध्यप्रदेश, केरल मुख्यत: / कुछ भाग शामिल

→ गंभीर नक्सलवादी - माओवादी विद्रोह

→ उत्तर से दक्षिण

अब विस्तार

↓

नेपाल (पशुपतिनाथ मंदिर)

से

आंध्रप्रदेश (तिरुपति)

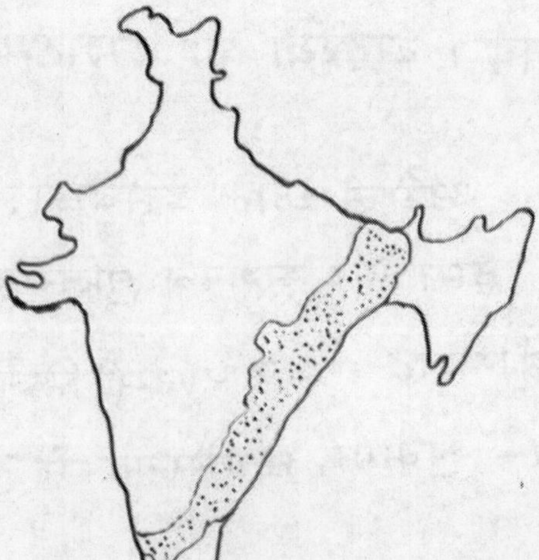

प्रमुख क्षेत्र - सुकमा, बस्तर, दंतेवाड़ा, गढचिरौली (महाराष्ट्र)

प्रमुख क्षेत्र - सुकमा, बस्तर, दंतेवाड़ा, गढ़चिरौली (महाराष्ट्र)

⇒ नक्सलवाद के कारण :-

- भूमि संबंधित तथ्य / कारक
  - → भूमि सुधारों की विफलता
  - → शक्तिशाली वर्ग द्वारा भूमि पर अधिक कब्जा
  - → परंपरागत भूमि अधिकारों का नियमितीकरण नहीं
  - → जल-जंगल जमीन (3 ज) का संकट
- विस्थापन व बलपूर्वक निष्कासन
  - → विकास परियोजनाओं के कारण व खनन कार्य
  - → जनजातियों को भूमि से बेदखल
  - → भूमि अधिग्रहण में पर्याप्त पुनर्वास व मुआवजे की समस्या
  - → बाहरी लोगों द्वारा वहां उद्योग लगाना
- आजीविका संबंधी कारण - गरीबी, बेरोजगारी, अशिक्षा
  - → साझा संपत्ति से वंचित
  - → पारंपरिक व्यवसायों में कमी
  - → वैश्वीकरण
- सामाजिक बहिष्कार : मानवाधिकार उल्लंघन
  - → अस्पृश्यता, जातीय भेदभाव

- **शासन संबंधी कारण**
  - → लोकसेवा में भ्रष्टाचार
  - → सुशासन में कमी ↓
  - → प्रशासनिक दूरी + पुलिस प्रशासन न्याय संकट
  - → कानून क्रियान्वयन का अभाव
  - → चुनावी राजनीतिक सांठ-गांठ

- सांस्कृतिक आक्रमण (व्यापार, उद्योग, निर्माण)
- कॉरपोरेट शोषण तथा प्रशासनिक शून्यता - मूलभूत सुविधाओं तक पहुँच नहीं।

⇒ **नक्सल आंदोलन को जारी रखने में सहायक कारक**

- **एक प्रेरक विचारधारा**
  - → पूंजीवाद की समाप्ति का सपना
  - → साम्राज्यवाद का पतन
  - → तराइ दस्तावेज (नक्सली साहित्य)

- **प्रभावी संगठन के रूप में कार्य**
  - → Area कमांडर जोन, पैदल सेना
  - → रणनीति
  - → स्थानीय लोगों का ब्रेनवॉश करना
  - → इनका खनन तथा वन माफिया से जुड़ाव
  - → अनैतिक व्यापार में संलग्नता - ड्रग, मानव तस्करी बाल यौन शोषण

- बाहर से फंडिंग (NGO आदि) + विदेशी शक्तियों का सहयोग + लूटपाट
- निरंतर नये सदस्यों का जुड़ना (बेरोजगारी कारक)
- जागरूकता का अभाव + सरकार की ओर से पर्याप्त मूल्यांकन एवं समन्वित प्रक्रिया का अभाव.
- प्रशिक्षित सैन्य बल की कमी + पर्यावरण तथा वन कानूनों का कठोर + राष्ट्र विरोधी तत्वों का सहयोग।
- पुलिस बलों का समन्वय नहीं + आर्थिक विषमता
- सरकार की रणनीति में अस्पष्टता का अभाव + गुरिल्ला वार
- अंतरराज्यीय समन्वय की कमी + केन्द्र राज्य समन्वय कमी
- भौगोलिक कारक / सीमा

उदा. - बस्तर (त्रिसंगम)

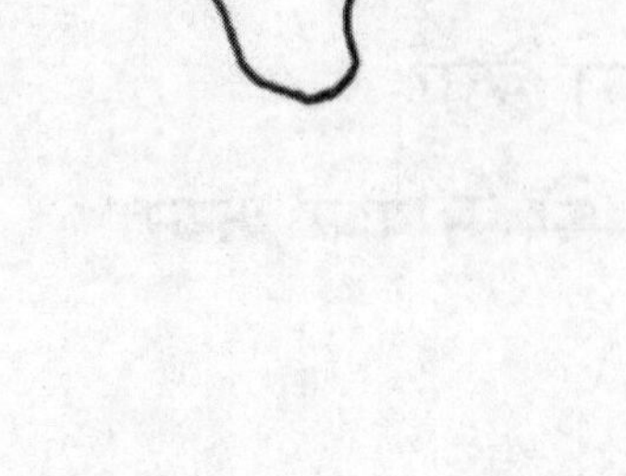

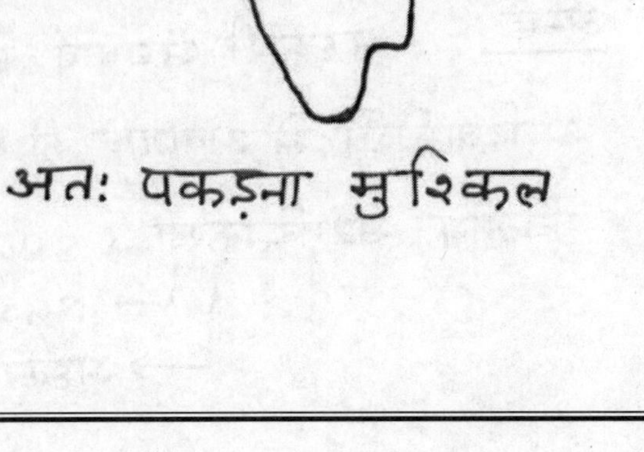

अतः पकड़ना मुश्किल

प्रभाव

- जान-माल → सैन्य बलों की हत्याएँ, अवसंरचनात्मक नुकसान
- अमानवीय कृत्य + नृशंस हत्याएँ
- संविधान को चुनौती, सरकार की चुनौती, संप्रभुता को चुनौती
- संसाधनों का दोहन ढंग से नहीं कर पाते
- विकासात्मक अवरोध
- चुनाव करवाना चुनौतीपूर्ण
- प्रशासनिक शून्यता (समांतर सरकारें)
- जन अदालतों में कार्यवाही → भय का माहौल

उपाय / आगे की राह

① समग्र दीर्घकालीन रणनीति

- सुशासन बढाना
- सुरक्षा
- विकास
- जनसंवेदन प्रबंधन
- स्थानीय समुदायों के अधिकारों की रक्षा

- सुरक्षा बलों की क्षमता निर्माण में वृद्धि
- एकीकृत कार्ययोजना - विकास मॉडल
- राज्य पुलिस बल का आधुनिकीकरण

② समीक्षा व निगरानी तंत्र

- → खुफिया तंत्र, खुफिया जानकारी साझा करना
- → केन्द्र - राज्य की संयुक्त बैठकें

③ अन्य

- सहकारी संघवाद को बढावा देना
- आदिवासियों में अलगाव की भावना को समाप्त करना
- वित्तीय सशक्तिकरण → SHG
  - → NGO
  - → सहकारी समितियों की सहायता से

- प्रौद्योगिकी उपयोग बढ़ाना
  - → ड्रोन + AI + IOT सेंसर
  - → GIS सूचना तंत्र
  - → मैपिंग
- मनोवैज्ञानिक अभियान → विश्वास निर्माण हेतु
- जनभागीदारी + विकास कार्यों को बढ़ावा + प्रशासन एवं लोगों के बीच गैप को दूर करना + आदिवासियों के वन, जल, भूमि अधिकारों की रक्षा हेतु कानूनों का निर्माण करना | उदा. PESA Act 1996 का ढंग से क्रियान्वयन |
- उनकी सांस्कृतिक पहचान को विकास एवं योजनाओं में भी शामिल करना |
- समावेशी नीति निर्माण + संवाद की प्रक्रिया + विश्वास निर्माण + अधिकारों की रक्षा + शोषण से उन्मुक्ति + विकास कार्य ≡ ≡ नक्सलवाद से मुक्त
- मुख्यधारा से वंचन को समाप्त करना
- " एक भारत श्रेष्ठ भारत" + युवा संगम + काशी–तमिल संगम जैसे कार्यक्रमों को बढ़ावा देना |
- " सबका साथ, सबका विश्वास, सबका विकास" के दृष्टिकोण के साथ कार्य करना
- "बंद्योपाध्याय समिति" पर गौर करना
- स्थानीय नायकों + सांस्कृतिक तत्वों को राष्ट्रीय स्तर पर महत्व देना + स्थानीय समुदायों को शामिल |

उदा. "धरती आबा जनभागीदारी अभियान, (PM-JUGA)
"PM जनमन"
"जनजातीय दिवस" बिरसा मुंडा जयंती

⇒ नक्सलवाद खत्म करने के लिए भारत की रणनीति

- विकास कार्यक्रम
  - eg. LWE से निपटने के लिए राष्ट्रीय नीति और कार्ययोजना-2015
  - प्रधानमंत्री ग्राम सड़क योजना-II
  - रोशनी योजना
  - जनजातीय युवा कार्यक्रम
- सुरक्षा अभियान
  - eg. ऑपरेशन ग्रीन हंट
  - ग्रे हाउन्ड्स (आंध्रप्रदेश)
- कानूनी ढाँचा
  - UAPA-1967
  - वन अधिकार अधि. - 2006
  - PESA 1996
- आत्मसमर्पण-सह-पुनर्वास नीति
  - eg. झारखंड में समाज की मुख्यधारा में लौटने पर सहायता

⇒ नक्सलवाद मिटाने हेतु सरकारी प्रयास

- त्रिस्तरीय रणनीति
  - → कठोर कार्यवाही
  - → राज्यों में बेहतर समन्वय
  - → जनभागीदारी के माध्यम से विकास
- संवैधानिक उपाय – मूल अधिकार + अनु. 244 + DPSP + आपातकालीन उपबंध
- वैधानिक उपाय –
  - AFSPA 1958
  - UAPA/TADA
  - POTA/NSA
  - वन अधिकार अधि. 2006
  - SC/ST निवारक कानून
  - PESA Act 2006

प्रशासनिक उपाय- • बातचीत की रणनीति
• समझौते की रणनीति
• चुनावों की नीतिं
• आत्मसमर्पण की नीति
• पंचायती राज + e-गवर्नेंस
• पुलिस बल का आधुनिकीकरण
• वित्तीय समावेशन (DBT)

सुरक्षात्मक उपाय- • कोबरा बटालियन CRPF
• ग्रे हाउण्ड्स + Trust building Policing model
• ऑपरेशन ग्रीन हंट
• ऑपरेशन प्रहार
• स्टेपलचेज अभियान
• सुरक्षा व्यय की योजना < तकनीकी ↑, वेतन ↑
• वामपंथी उग्रवाद प्रभाग की स्थापना

विकासात्मक उपाय- आकांक्षी जिला कार्यक्रम
• सड़क निर्माण (PMGSY-II)
• अधिकांश वामपंथी उग्रवाद प्रभावित जिलों के लिए विशेष केन्द्रीय सहायता
• रोशनी योजना (प्रशिक्षण + रोजगार के अवसर)
• LWE मोबाइल टावर योजना (मोबाइल सेवा प्रदान करना)
↳ डिजिटल भारत निधि से
• जनजातीय युवा आदान-प्रदान कार्यक्रम
• एकलव्य आवास मॉडल स्कूल निर्माण

- स्वास्थ्य + रोजगार + पंचायती राज व्यवस्था + मीडिया प्लान
- "न्यू इंडिया" SDG-16, SDG-10

Note :- समाधान पहल - यह विभिन्न स्तरों पर तैयार की गई अल्पकालिक नीति से दीर्घकालिक नीति।

S – स्मार्ट लीडरशिप

A – आक्रामक (Attack) रणनीति

M – प्रेरणा (Motivation) और प्रशिक्षण

A – Action (कार्रवाई योग्य खुफिया जानकारी)

D – डेशबोर्ड आधारित KPI (प्रमुख प्रदर्शन संकेतक) + परिणाम क्षेत्र

H – प्रौद्योगिकी का प्रयोग < ड्रोन + GIS, AI + उपग्रह ⇒ (Harnessing technology)

A – प्रत्येक थिएटर के लिए कार्ययोजना

N – वित्तपोषण तक कोई पहुँच नहीं

Case Study + Model + Example

झारखंड मॉडल (नवजीवन केन्द्र) → कौशल प्रशिक्षण कार्यक्रम (आत्मसमर्पण करने वालों के लिए skill ट्रेनिंग)
→ प्रोत्साहन राशि देना

→ प्रोत्साहन + व्यवसायिक प्रशिक्षण + शिक्षा पर जोर + समर्पण एवं पुनर्वास नीति

→ कई पूर्व नक्सली मछलीपालक बने

बस्तर ओलंपिक - 2024 → बस्तर क्षेत्र के युवाओं की प्रतिभा को निखारना और उन्हें मुख्यधारा के विकास से जोड़ना।

- ग्रे हाउण्डस मॉडल - विशेष Force
  - ↳ स्थानीय जनजातीय भाषा / संस्कृति को समझने वाले कमांडो
  - ↳ इंटेलिजेंस आधारित ऑपरेशन

- दंतेवाड़ा मॉडल (छत्तीसगढ़) - O.P. चौधरी (सिविल सेवक)
  - ↳ Soft power का उपयोग

- सौर ऊर्जा संचालित शिक्षा नगरी (शिक्षा केन्द्र- दीर्घकालिक समाधान)
  - ↳ औद्योगिक प्रशिक्षण संस्थान + School
- छू लो आसमान → JEE / NEET की तैयारी
- तमन्ना पहल - फिल्म समरोह, विज्ञान संग्रहालय, जिला पुस्तकालय
  - ↳ सिविल सेवक मिलने आते हैं (प्रशासन- नागरिक)
- नन्हे परिंदे - बिना किसी शुल्क के स्कूल
- पोटा केबिन → स्कूलों में आवासीय सुविधा / नामांकन ना कटे
- लाइवलीहुड कॉलेज - औपचारिक शिक्षा से वंचित रह गये बेरोजगार युवाओं के लिए कॉलेज

⇒ दादालोरा खिड़की - (Window of hope)

↳ सामुदायिक सेवा पहल

आदिवासी और ग्रामीण समुदायों को उनके घर के पास ही सरकारी योजनाओं और सेवा तक पहुँच प्रदान करने में मदद करती है।

गुरुप्रिया ब्रिज प्रोजेक्ट (ओडिशा मलकानगिरी)
- → 151 गाँवों को मुख्यधारा से जोड़ना
- → संपर्क बढ़ाना ↑

⇒ Innovative problem solving Approaches

- 3E मॉडल

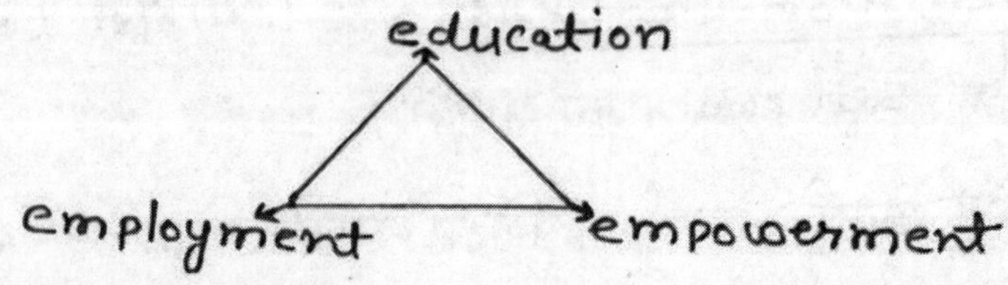

- 4C मॉडल

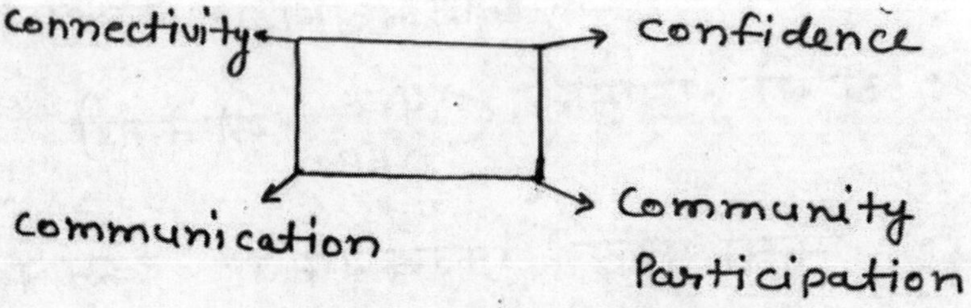

- Tech enabled governance – ड्रोन निगरानी + DBT + ई गवर्नेंस

- सहभागी सरकार → PESA एक्ट + Tribal काउंसिल की निर्णय प्रक्रिया में भागीदारी

- Security + Development + Governance = LWE समाधान

शहरी नक्सलवाद : बौद्धिक रूप से
- → पढ़े लिखे, संपन्न घरानों से, संसाधनों से संपन्न, विचारधारा से विपरीत लोग

- ये मजबूर नहीं मजबूत नक्सली हैं, नक्सलवाद की पौध तैयार करते हैं।

विचारधारा :- राज्य की नीतियों की आलोचना के लिए मिशन आयोजित करना, छात्रों को कट्टरपंथी बनाना, समर्थकों का एक नेटवर्क स्थापित करना, राज्य के कार्यों को बाधित करना।

- सरकार की बुराई वाले क्षेत्रों में
- देशद्रोही

एजेंडा - देश के खिलाफ कार्य करना
- देश की पीढ़ी को भारत की संस्कृति से अलग करने की कोशिश करना।

Target
→ दलित समुदाय, आर्थिक असमानता वाले लोग
→ आदिवासी
→ गरीब (शहरी गरीब लोग)
→ कॉलेज विद्यार्थी

उदा. - बांध निर्माण, परमाणु ऊर्जा प्रोजेक्ट आदि का विरोध करें। देश की शिक्षा व्यवस्था तथा त्यौहारों के खिलाफ

Metoo urban (Naxal)
↳ न्यायपालिका संज्ञान

eg→ भीमा कोरेगांव हिंसा
↳ PM/govt. के खिलाफ हिंसा

⇒ शहरी नक्सलवाद में योगदान देने वाले सामा.-आर्थिक कारक →

कारक
- आर्थिक असमानता
- बेरोज़गारी
- राजनीतिक मोहभंग
- सामाजिक अन्याय
- भ्रष्टाचार
- शिक्षा का अभाव
- शहरी गरीब
- विस्थापन और प्रवासन

<u>Note</u>

- महाराष्ट्र विशेष जन सुरक्षा Act 2024 (शहरी नक्सलवाद)
- UAPA 1967

⇒ <u>पूर्वोत्तर भारत में उग्रवाद / मुद्दे / चुनौतियाँ</u>

- 99% अन्तर्राष्ट्रीय सीमा
- \+ 200⁺ जातीय समूह
- \+ स्थलरुद्ध

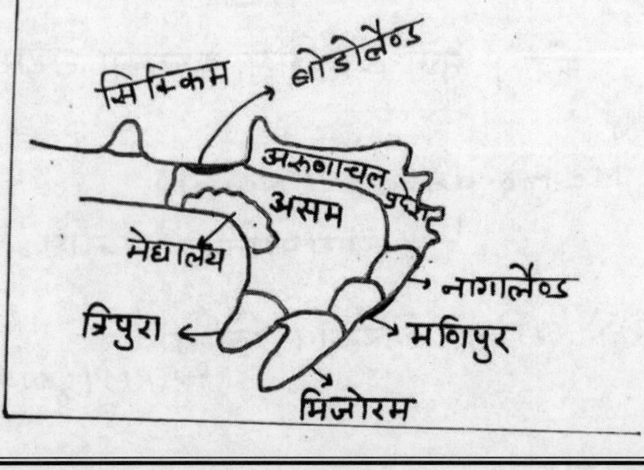

- पूर्वोत्तर भारत में उग्रवाद के कारण
- आदिवासियों के मध्य पृथकता व पिछड़ेपन की भावना
- भाषा व नृजातीय, जनजातीय प्रतिद्वन्द्वता
- अल्प आर्थिक विकास एवं आधारभूत ढाँचा
- भौगोलिक जटिलता एवं विषमताएँ : परिवहन तथा आवाजाही की समस्या।
- शासन प्रशासन में भ्रष्टाचार
- ऐतिहासिक व सांस्कृतिक कारण + भौगोलिक व आर्थिक कारक
- अन्तर्राष्ट्रीय सीमाएँ - हथियार, ड्रग्स, तस्करी (गोल्डन ट्रायंगल)
- म्यान्मार + बांग्लादेश में अस्थिरता
- विदेशी समूहों का गठन (NLFT)
- सीमापार घुसपैठ - स्टेट व नॉन स्टेट एक्टर की भूमिका
- जनसांख्यिकीय परिवर्तन (शरणार्थी)

→ NE में समस्या

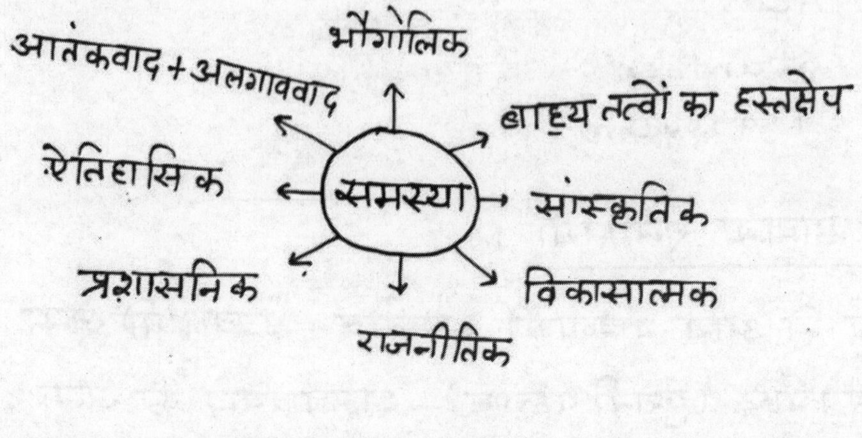

⇒ NE से जुड़े मुद्दे

- भौगोलिक दूरी
- सांस्कृतिक विविधता
- पहुँच का अभाव
- जनजातीय समुदाय
- दुर्गम भूगोल
- अनदेखी का भाव
- मुख्य भूमि के लोगों द्वारा नस्लीय टिप्पणी
- राज्यों की विविधता
- जनजातीय संघर्ष
- अन्तर्राष्ट्रीय स्तर पर चुनौती (शरणार्थी समस्या)

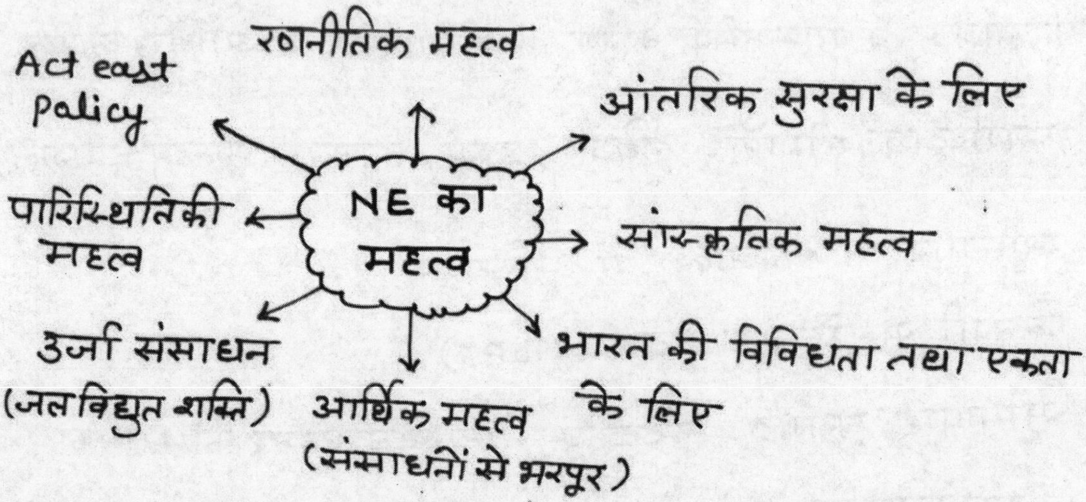

East means दृष्टिकोण (प्रधानमंत्री)

E - Empower
A - Act
S - Strengthen
T - Transform

NE में सामान्य चुनौतियाँ :-

- बाहर से आये शरणार्थी असंतोष - क्षेत्रवाद को जन्म
- स्वतंत्र राष्ट्र (पुरानी पहचान) - अलगाववाद को जन्म

- जनजातीय पहचान (अलग राज्य निर्माण हेतु लड़ाई)

eg → बोडोलैंड, ग्रेटर नागालिम, गोरखालैण्ड की मांग

- संप्रदायवाद
  - हिन्दू - मुस्लिम
  - क्रिश्चन v/s हिन्दू
  - मुस्लिम v/s क्रिश्चन

- Tribal area तक प. बंगाल के नक्सलवाद का पहुँचना

- सीमापार आतंकवाद
  - → मानवीय व्यापार
  - → हथियारों की बिक्री
  - → ड्रग्स की तस्करी

- आर्थिक अपराध → नकली नोटों का प्रसार

- इस्लामिक आतंकवाद की समस्या eg - रोहिंग्या मुस्लिम

- वन्यजीवों के माफिया, खनन माफिया आदि

- संगठित अपराध

- शत्रुतापूर्ण पड़ोसी का होना

भौगोलिक समस्या - दुर्गम भूगोल
- जंगल
- पहाड़
- वर्षा (अत्यधिक)

→ संचार की समस्या

→ पर्वतीय विभाजन → कई जगह घाटी हैं।

- चिकन नेक :- सिलिगुडी गलियारा भी कहते हैं
  - 22 km चौड़ी पट्टी
  - चीन - डोकलाम पर नजर
  - NE राज्यों से संपर्क का एकमात्र रास्ता

- गोल्डन ट्रायंगल व क्रेसेंट के बीच
- म्यान्मार + बांग्लादेश + नेपाल में अस्थिरता
  (शत्रुतापूर्ण पड़ोसी)
- भारत की भौगोलिक स्थिति NE की सुरक्षा को चुनौती देती है।

ऐतिहासिक कारक • ब्रिटिश नीति

- राज्य पुनर्गठन (असमिया पहचान थोपने की कोशिश)
- रियासतों की ऐतिहासिक विरासत
  → असम - अहोम
  → मणिपुर - मेइती
  → त्रिपुरा - त्रिपुरी
  → नागालैंड - नागा रियासत

- गोल्डन ट्रायंगल व क्रेसेंट के बीच
- म्यान्मार + बांग्लादेश + नेपाल में अस्थिरता
  (शत्रुतापूर्ण पड़ोसी)
- भारत की भौगोलिक स्थिति NE की सुरक्षा को चुनौती देती है।

ऐतिहासिक कारक • ब्रिटिश नीति

- राज्य पुनर्गठन (असमिया पहचान थोपने की कोशिश)
- रियासतों की ऐतिहासिक विरासत
  → असम - अहोम
  → मणिपुर - मेइती
  → त्रिपुरा - त्रिपुरी
  → नागालैंड - नागा रियासत

अंग्रेजों की नीति :- (1) क्षेत्रों को जीतकर अपने में मिला लेना
- शेष भारत के साथ विलय

अंग्रेजों की नीति :- (1) क्षेत्रों को जीतकर अपने में मिला लेना
- शेष भारत के साथ विलय

(2) पृथक्करण की नीति
→ NE के साथ
→ आंतरिक मामलों में हस्तक्षेप नहीं
→ जनजातीय पहचान बनाए रखना

उद्देश्य - संसाधनों का दोहन
- क्रांति से दूर रखना
(वन क्षेत्र + चाय बागान)

संस्कृतिक कारण - सबसे बड़ा कारण

- इन्हें भारत की आर्यन-द्रविड़न संस्कृति से अलग मंगोलियन संस्कृति के संदर्भ में देखा जाता है।
- भारत आर्यन पहचान दिखाता है या द्रविडन, मंगोलियन पहचान को दोयम दर्जे का रूप
- कला, इतिहास, साहित्य, संस्कृति उसे भारत में सम्मान और स्थान नहीं दिया गया।
- वेशभूषा, खान-पान एवं संस्कृति, शारीरिक बनावट पर उपहास का पात्र eg. Dog, बीफ खाते हैं।
- हम भारतीयों की तरह नहीं दिखते
  मेरीकॉम बाइचुंग भूटिया
- नेपाली पहचान + चाइनीज पहचान को NE से जोड़ना
- फैशन जगत, मीडिया, फिल्मों में As a actor, actress स्वीकृत नहीं किया जाता।
  उदा.-साउथ फिल्मों जैसा प्रसिद्ध नहीं

सामरिक चुनौती :- सीमापार आतंकवाद + शत्रुतापूर्ण पड़ोसी + इस्लामिक कट्टरपंथ + अवैध शरणार्थी + अवैध तस्करी + चकमा शरणार्थी + रोहिंग्या शरणार्थी

5 B शरणार्थी → बंगाल, बर्मा, बिहार, बांग्लादेश, भूटान

राजनैतिक और प्रशासनिक अनदेखी – असम को छोड़कर

- सीटें कम → राजनैतिक महत्व कम – जनसंख्या कम
- पैराशूट पॉलिसी सरकार की, पैकेज Policy
- रणनीतिक भ्रष्टाचार, सरकारी कार्यालयों का अभाव
- संस्थागत पिछड़ापन है, सीमित जनसंख्या को भी रोजगार नहीं दे पाए

आर्थिक और विकासात्मक वंचना –

- संसाधन संपन्न राज्य → संसाधनो का दोहन नहीं / लाभ नहीं

  मणिपुर – Hydro power project

  असम – oil, tea, NG → ब्रुनेई oil रिफाइनरी जबकि उसका HQ असम में

  मेघालय – जैव विविधता

- विकास के अवसर का फायदा बाहरी लोगों ने उठाया।
- स्थानीय लोगों की आर्थिक स्थिति कमजोर
- NE का पैसा बाहर + आदिवासी विस्थापन + संचार के साधन विकसित नहीं + खाद्य एवं ऊर्जा सुरक्षा नहीं
- स्वास्थ्य + शिक्षा + अवसंरचना नहीं
- औद्योगिकीकरण और शहरीकरण में पीछे

NE के विकास के लिए की गई पहले :-

- North east vision - 2020
- Act east policy
- भारतमाला प्रोजेक्ट
- IMT मार्ग + कलादान मल्टीमॉडल ट्रांजिट
- युवा संगम
- PM डिवाइन योजना
- BBIN + मिजोरम को रेलवे परिवहन से जोड़ना
- North east Road sector development स्कीम
- राष्ट्रीय बाँस मिशन
- स्वदेश दर्शन योजना + उड़ान स्कीम
- डिजिटल NE vision - 2022
- बोगीबील पुल + उन्नति योजना (औद्योगिक विकास)
- अगरतला और बांग्लादेश के अखौरा के बीच रेलवे लाइन।
- 'एक भारत श्रेष्ठ भारत' पहल
- 8 अनुसूची + वित्त आयोग की भूमिका + अनुसूची 6
- सबका साथ सबका विकास, सबका विश्वास दृष्टिकोण
- II ARC (बहुआयामी रणनीति)
  - → शासन व्यवस्था
    - → 6 अनुसूची
    - → स्थानीय स्वशासन
    - → पारंपरिक कानून
  - → पुलिस - CAPF के साथ सहयोग
  - → संस्थागत
  - → प्रशासन : पूर्वोत्तर परिषद

उदा. NEC Act, एकीकृत क्षेत्रीय योजना।

⇒ पूर्वोत्तर भारत में शांति स्थापित करने के लिए सरकार की रणनीति

- संवाद और बातचीत :- सरकार ने विभिन्न विद्रोही समूहों के साथ शांति समझौते + बातचीत

उदा. - NLFT और ATTF के बीच हुआ शांति समझौता
- नागा शांति समझौता
- कार्बी ओंगलोंग समझौता 2021
- बोडो समझौता 2020
- ब्रु- रियांग समझौता 2020

- सुरक्षा उपाय
  ↳ AFSPA, CAPF, UAPA

  उदा.- ऑपरेशन सनराइज

- विकास पहल - बुनियादी ढाँचे + आर्थिक और कौशल विकास

  उदा.- कलादान मल्टीमॉडल ट्रांजिट परियोजना
  - पूर्वोत्तर औद्योगिक विकास योजना
  - PM-DevINE योजना, सेला सुरंग

- सांस्कृतिक और सामाजिक पहल
  ↳ सरकार क्षेत्रीय भाषाओं और सांस्कृतिक उत्सवों को बढ़ावा देती है।

  उदा.- युवा संगम, ग्रेट हॉर्नबिल फेस्टिवल, बिहू खर्ची महोत्सव

- कनेक्टिविटी को सुधारा + पर्यटन को बढावा
  - ↓ IMT राजमार्ग + NE-DFI, उड़ान योजना
  - ↓ स्वदेश दर्शन योजना
- जनसहभागिता + सरकार और लोगों के बीच दूरी कम करना
  उदा.- नागरिक कार्यक्रम
  - अनुसूची-6, राजनीतिक प्रतिनिधित्व बढाना
- प्रभावी पुलिस व्यवस्था + आर्थिक विकास पर जोर + सुरक्षा संबंधी व्यय ↑
- पूर्वोत्तर में उग्रवादियों हेतु आत्मसमर्पण एवं पुनर्वास संबंधी योजना
  ↳ आत्मसमर्पण - रोजगार, कौशल विकास, आजीविका प्रबंधन
- शांति संदेश + शिक्षा और कौशल + खेलकूद + स्वास्थ्य पर जोर
- सीमाओं की निगरानी + संगठित अपराध पर नियंत्रण आदि।

⇒ पूर्वोत्तर के प्रमुख उग्रवादी संगठन एवं उनके उद्देश्य :-

1) नागालैंड : 1950 फिजो के नेतृत्व में अलगाववादी आंदोलन → पृथक स्वायत्त राज्य की मांग (↑ नागा)

- सक्रिय संगठन > नेशनलिस्ट सोशलिस्ट काउंसिल ऑफ नागालैंड
  ↳ उद्देश्य - एकीकृत नागालैंड की स्थापना (पूर्वोत्तर नागा क्षेत्र + म्यान्मार नागा क्षेत्र)

② मणिपुर : मैती, कुकी व नागा जनजाति
↳ मुख्य संगठन > यूनाइटेड कुकी लिबरेशन फ्रंट
• कुकी नेशनल फ्रंट
• पीपुल्स लिबरेशन आर्मी

3> असम : यूनाइटेड लिबरेशन फ्रंट ऑफ असम (ULFA)
↳ पृथक असम की मांग
• नेशनल डेमोक्रेटिक फ्रंट ऑफ बोडोलैंड
(बोडोलैंड की मांग)

4> त्रिपुरा
↳ नेशनल लिबरेशन फ्रंट ऑफ त्रिपुरा

5> मेघालय – गारो नेशनल लिबरेशन आर्मी

⇒ बोडोलैंड का मुद्दा – बोडो जनजाति असम (अलग राज्य की मांग)
↳ नेशनल डेमोक्रेटिक फ्रंट ऑफ बोडोलैंड – नृजातीय विद्रोही संगठन
↳ UAPA के तहत BAN

मांग के कारण – बांग्लादेश अवैध प्रवासी घुसपैठ
बदलता जनसांख्यिकी
मतदाता सूची में अवैध प्रवासी
विशिष्ट भाषा व संस्कृति को खतरा

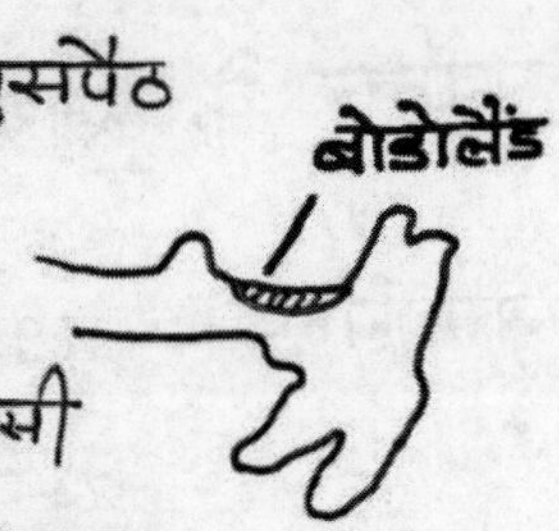

2020 में बोडो समझौता हुआ।

⇒ त्रिपुरा में शांति समझौता 2024
↳ सरकार + (नेशनल लिबरेशन फ्रंट ऑफ त्रिपुरा
ऑल त्रिपुरा टाइगर फोर्स

→ NLFT + ATTF के 328 से अधिक सशस्त्र कैडर
आत्मसमर्पण करेंगे + समाज में पुनः एकीकृत
→ वित्तीय पैकेज 250 Cr
→ Tribal विकास ↑

⇒ मणिपुर में अशांति के कारण

- वनों की बेदखली + मैतई लोगों के लिए ST का दर्जा देने की मांग
- परिसीमन प्रक्रिया मुद्दा - मैतई समुदाय का आरोप
- पहाड़ी क्षेत्रों में प्रवासियों की घुसपैठ
- जातीय पहचान → मैतई, नागा, कुकी
- नशीले पदार्थों की समस्या
- पहाड़ी - घाटी विभाजन

Note - 10% भूभाग (इम्फाल घाटी) → 90% भूभाग पर अन्य → 20 MLA
→ गैर आदिवासी समूह मैतई समुदाय का प्रभुत्व है।
→ संख्या राज्य में 64% से ज्यादा है। 60 में 40 MLA

2 आंतरिक सुरक्षा के लिए चुनौतियां पैदा करने में बाहरी राज्य और गैर राज्य अभिकर्ताओं की भूमिका

Q.1 भारत की आंतरिक सुरक्षा के लिए बाह्य राज्य और गैर राज्य कारकों द्वारा प्रस्तुत बहुआयामी चुनौतियों का विश्लेषण कीजिए। इन संकटों का मुकाबला करने के लिए आवश्यक उपायों की चर्चा कीजिए।

(UPSC- Main 2021, 250 शब्द)

Q.2 आतंकवाद प्रभावित क्षेत्रों में 'दिल और दिमाग जीतना जनता का विश्वास बहाल करने के लिए एक आवश्यक कदम है। जम्मू और कश्मीर में संघर्ष समाधान के एक भाग के रूप में सरकार द्वारा इस संबंध में अपनाये गए उपायों पर चर्चा कीजिए।

(UPSC Main 2023, 150 शब्द)

Q. आतंकवाद एक वैश्विक संकट है। भारत में यह कैसे प्रकट हुआ है? समकालीन उदाहरणों सहित विस्तार से समझाइए। राज्य द्वारा अपनाए गए प्रतिकार उपाय क्या है? व्याख्या कीजिए।

(150 शब्द, 10 अंक)

⇒ बाह्य राज्य अभिकर्ता (external state actors)

- किसी देश / सरकार द्वारा अन्य देश की आंतरिक सुरक्षा को खतरा पहुँचाने का प्रयास

(eg) पाकिस्तान, चीन, व अन्य पडोसी देशों द्वारा भारतीय आंतरिक सुरक्षा को खतरा

⇒ गैर राज्य अभिकर्ता (Non state actor)

- जो राज्य की प्रत्यक्ष औपचारिक संरचना से बाहर हो परंतु हिंसा व असुरक्षा को बढावा

उदा. - MNC, NGO, नृजातीय संगठन, प्रवासी समुदाय अन्तर्राष्ट्रीय मीडिया आदि।

उदा.
- आतंकवादी संगठन (ISIS, लश्कर-ए-तैयबा)
- विद्रोही और उग्रवादी संगठन (ULFA)
- संगठित अपराध सिंडिकेट
- साइबर अपराधी नेटवर्क
- ड्रग एवं हथियार तस्कर
- PFI द्वारा गैर-कानूनी गतिविधियों के लिए विदेशी धन का उपयोग

⇒ बाह्य राज्य अभिकर्ताओं द्वारा उत्पन्न चुनौतियाँ :-

पाकिस्तान

- जम्मू-कश्मीर → पाक समर्थित आतंकवाद → भारत पर आर्थिक, सामाजिक, राजनीतिक दृष्टिकोण से नकारात्मक प्रभाव।

- आतंकवादी संगठनों - वित्तपोषण, हथियार आपूर्ति, शरण एवं लॉजिस्टिक सहायता

  उदा: - लश्कर-ए-तैयबा

- 26/11 हमलों में पाक ISI की प्रत्यक्ष भागीदारी
- जाली मुद्रा - भारतीय अर्थव्यवस्था को नुकसान
- साइबर हमले
- पंजाब में उग्रवादी तत्वों को सहायता (खालिस्तान मॉंग)
- भारत में कई क्षेत्रों / शहरों में आतंकी / बम विस्फोट की घटनाओं को अंजाम
- सांप्रदायिक तत्वों का विस्तार

चीन -

→ पूर्वोत्तर उग्रवाद, वित्त हथियार, सुरक्षित आश्रय

eg → नागा, मिजो, मैती उग्रवादी संगठन

→ माओवादी आंदोलन / वामपंथी उग्रवाद को दार्शनिक, नैतिक, वित्तीय समर्थन

eg → नेशनल सोशलिस्ट काउंसिल ऑफ नागालैंड (खापलांग) चीनी खुफिया एजेंसियों की सहायता।

बांग्लादेश - अवैध प्रवासन / शरणार्थी मुद्दा, सांप्रदायिक व नृजातीय तनाव

- पूर्वोत्तर में जनसांख्यिकीय परिवर्तन → विद्रोह को बढावा

म्यान्मार : सीमापार विद्रोही गुटों का movement

↳ अवैध शरणार्थी + मानव तस्करी जैसे संगठित अपराध

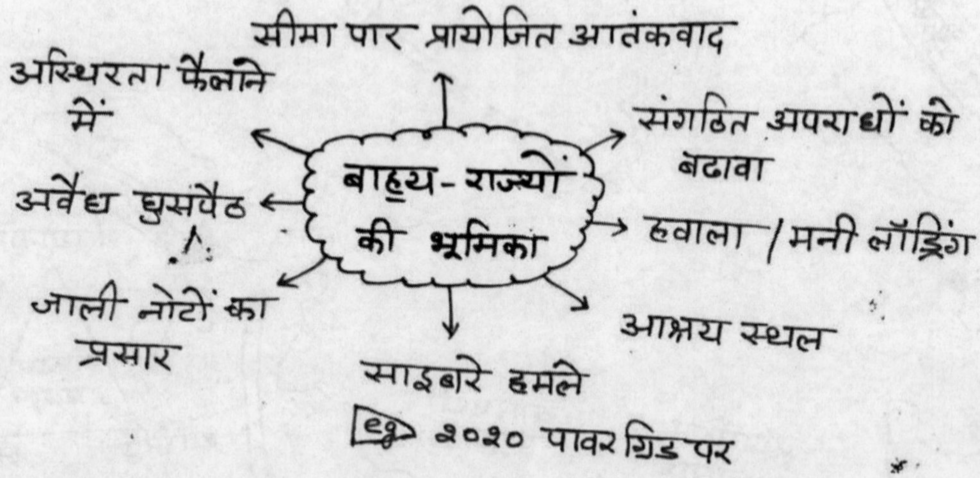

⇒ गैर-राज्य अभिकर्ताओं द्वारा उत्पन्न चुनौतियाँ :-

- मादक-द्रव्यों की तस्करी (गोल्डन क्रेसेंट ↔ गोल्डन ट्रायंगल)
- मानव- तस्करी
  ↳ लैंगिक शोषण , बंधुआ मजदूरी
- वामपंथी उग्रवाद व पूर्वोत्तर में विद्रोह
  ↳ स्थानीय संवेदनशील मुद्दों का फायदा उठाकर हिंसात्मक गतिविधियों को प्रोत्साहन
- आतंकवाद
  eg- ड्रग्स नेटवर्क + आतंकी संगठन = पंजाब में नार्को आतंकवाद
- नागरिक समाज व NGO - विदेशी फंडिंग → आंतरिक सुरक्षा को खतरा
- कट्टरपंथीकरण- केरल में (ISIS)

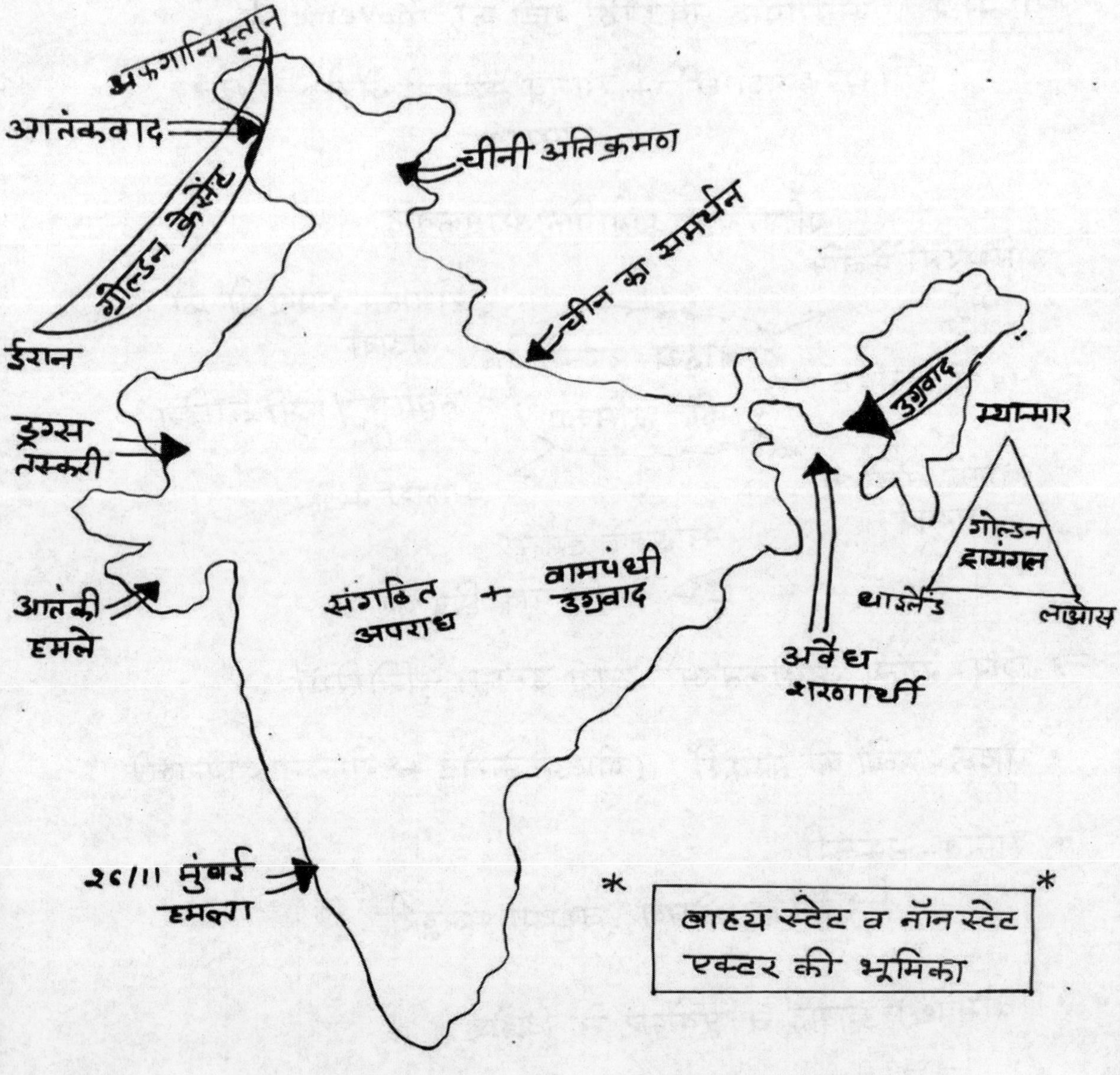

बाह्य स्टेट व नॉन स्टेट एक्टर की भूमिका

<u>Note</u> :- गैर- राज्य अभिकर्ता + बाह्य राज्य अभिकर्ता
≡ प्रॉक्सी वॉर + हाइब्रिड वार + आतंकवाद
+ नार्को आतंकवाद + साइबर हमले

<u>इन खतरों / चुनौतियों से निपटने के उपाय</u>

- कूटनीतिक उपाय : FATF + UN + इंटरपोल जैसे मंचो पर दबाव

- सीमा प्रबंधन → स्मार्ट फेंसिंग + डिजिटल निगरानी + ड्रोन + उपग्रह + एकीकृत चेक पोस्ट + BSF का उपयोग
- साइबर सुरक्षा ढांचा → CERT-IN + राष्ट्रीय साइबर सुरक्षा नीति
- आर्थिक निगरानी → PMLA का Use + हवाला ट्रैकिंग + वित्तीय पारदर्शिता
- समुदाय आधारित दृष्टिकोण → उदा: ग्राम-रक्षा गार्ड (J&K) में
- आंतरिक-विदेशी खुफिया सहयोग - RAW + IB + NIA
- सामाजिक-आर्थिक विकास दृष्टिकोण - आकांक्षी जिला कार्यक्रम
- सख्त कानून प्रवर्तन - उदा: - UAPA

आतंकवाद

- एक ऐसी विचारधारा से है जिसके तहत भय उत्पन्न कर अपने उद्देश्य की पूर्ति करना है।

प्रकार

बाह्य अभिकर्ताओं द्वारा प्रायोजित	आंतरिक अभिकर्ताओं द्वारा प्रायोजित
↓	↓
पड़ोसी देशों / सरकारों Non state actor	धार्मिक / सांप्रदायिक हिंसा व नक्सलियों व माओवादियों द्वारा

- Institute of economics and peace के ग्लोबल टेररिज्म Index में आतंकवाद प्रभावित देशों में भारत 7 वें स्थान पर है।

⇒ उद्देश्य व रणनीतियों के आधार पर आतंकवाद के प्रकार

- आर्थिक आतंकवाद
- साइबर आतंकवाद
- नृजातीय व राष्ट्रवादी आतंकवाद
- परमाणु आतंकवाद
- नार्को आतंकवाद
- जैव आतंकवाद
- पर्यावरणीय आतंकवाद
- विचारधारा संबंधी आतंकवाद

⇒ भारत में आतंकवाद

① जम्मु-कश्मीर – 1940 दशक के उत्तरार्ध में

→ पाक द्वारा J&K के अधिग्रहण के उद्देश्य से भारत में आतंक प्रसार

→ पाक समर्थित आतंकवाद

→ इस्लामिक कट्टरवाद व अलकायदा ने J&K में आतंकवाद को प्रसारित किया

→ 1987 : कश्मीर में विवादित चुनाव ने उग्रवादी घटनाओं को प्रसारित किया

→ 1989-90 तक जम्मू में आतंकवाद महत्वपूर्ण मुद्दा बन गया

- 2016 पठानकोट एयरबेस Attack
- 2019 पुलवामा Attack
- 2025 पहलगाम हमला

② पंजाब – खालिस्तान की मांग को लेकर आतंकी घटनाएँ – पाक द्वारा समर्थित

③ भारत के आंतरिक क्षेत्रों में आतंकवाद

→ 1970-80 दशक → पाक युद्ध में हारा भारत से, इसके बाद भारत से छद्म युद्ध का रास्ता अपनाया

→ 1980-90 दशक : पंजाब और J & K में आतंकी घटनाएँ

→ 1993 मुंबई बम विस्फोट

→ 2001 भारतीय संसद पर हमला

→ गुजरात अक्षरधाम मंदिर हमला

→ 2008 मुंबई ताज होटल

→ जयपुर सीरियल ब्लास्ट

⇒ आतंकवाद की बदलती प्रवृतियाँ / बदलता स्वरूप

- धार्मिक स्थलों पर हमले ताकि सांप्रदायिकता को बढ़ावा मिले
- साइकिल बम, आत्मघाती (फियादीन) हमले, विमान हाइजैकिंग
- संगठित अपराध से इसका गठजोड़

  उदा.- पंजाब में नार्को आतंकवाद ≡ ड्रग्स नेटवर्क + आतंकवाद
- साइबर हमले
- स्लीपर सेल मॉड्यूल
- सोशल मीडिया द्वारा धन एवं युवाओं का प्रबंध करना

  ↳ आतंकवाद अब एक उद्योग

  उदा. - केरल में ISIS द्वारा युवाओं की भर्ती
- धार्मिक आतंकवाद

  उदा. - चार्ली एब्डो के दफ्तर पर हुआ Attack
- वामपंथी आतंकवाद (नक्सलवाद, माओवाद)

  ↳ आर्थिक विषमता

- ओवर ग्राउंड वर्कर - ये आतंकवादियों को सुरक्षित आश्रय प्रदान करते हैं।
  - → धन एकत्रित
  - → स्थानीय युवाओं की भर्ती
  - → हथियार उपलब्ध कराना

  eg → J&K में

- राज्य प्रायोजित -

  eg - सीरिया और अफगानिस्तान दोनों अब आतंकवादी समूहों क्रमशः HTS और तालिबान द्वारा शासित हैं।

- भौगोलिक पहुंच में विस्तार

  eg - अफगानिस्तान में ISIS-K की बढ़ती मौजूदगी दक्षिण एशिया के लिए खतरा

- शक्ति गुणक के रूप में प्रौद्योगिकी

  eg ड्रोन, 3D प्रिंटिंग, साइबर टूल

  ↳ 2019 में सऊदी अरामको की तेल क्षेत्रों पर हुती हमले से सटीक ड्रोन use

- आतंकी समूहों का आपस में सहयोग

  eg - ईरान की एक्सिस ऑफ रजिस्टेंस (हिजबुल्ला, हमास इराकी मिलिशिया)

  ↙ इजरायल के खिलाफ कार्य

इस स्वरूप में परिवर्तन के कारण

- कमजोर वैश्विक शासन → UNSC, ICJ - वैश्विक आतंकवादी रोधी प्रयास कमजोर हो रहे हैं।

- आतंकवादी शासन का उदय
  उदा: - सीरिया, अफगानिस्तान
- वैश्विक आतंकवादी नेटवर्क
  उदा: ISIS का फैलता जाल
- प्राक्सी वॉरफेयर

चुनौतियाँ / मुद्दे :-

- आतंकवाद की कोई वैश्विक परिभाषा नहीं
- आतंकवाद का वित्तपोषण
  - → अवैध कार्यों से धन, हवाला कारोबार
  - → क्रिप्टो करेंसी, ड्रग तस्करी, धनशोधन
  - → संगठित अपराध के साथ संबंध
  - → जाली नोट - तस्करी
- जैव आतंकवाद → खाद्य सुरक्षा प्रभावित (कीट, रोगजनक)
- साइबर हमला - विश्व में दूसरे स्थान पर
  eg
  - → डेटा - "New oil"
  - → 2020 भारत के पावरग्रिड पर
- कमजोर सीमाएँ और तस्करी नेटवर्क
- वित्तीय प्रणाली की कमजोरियाँ
  eg
  - → क्रिप्टोकरेंसी, फर्जी चैरिटी
  - → PFI पर प्रतिबंध
- आतंकवादियों द्वारा उन्नत प्रौद्योगिकी का उपयोग
  → एन्क्रिप्टेड Apps, AI-जनित डीपफेक प्रचार,

साइबर स्पेस का उपयोग, डीप वेब, गेम्स- क्रेस्ट फॉर बुश

↳ ड्रोन आदि का उपयोग

↳ अधिप्रचार + वित्तपोषण + प्रशिक्षण + योजना निर्माण में + कार्यान्वयन + साइबर हमले + नई भर्ती में + डिजिटल रेडिकलाइजेशन में

- लोन वुल्फ हमला :- किसी कमान संरचना के बाहर रहते हुए अकेले व्यक्ति द्वारा आतंकी हमला ही लोन वुल्फ हमला

- विदेशी राष्ट्रों द्वारा विदेश नीति उपकरण के रूप में आतंकवाद का उपयोग

उदा:- पाक - इस्लामिक कट्टरपंथी समूहों का (मुजहिदीन) का रणनीतिक उपयोग भारत के खिलाफ

उदा. :- अफगानिस्तान

⇒ परिणाम :-
- देश में राजनीतिक अस्थिरता
- सरकार में अविश्वास उत्पन्न होना
- जन- धन की व्यापक हानि
- अन्तर्राष्ट्रीय छवि पर प्रभाव
- राष्ट्रों के आपसी संबंधों में तनाव
- शरणार्थी समस्या
- भयपूर्ण माहौल में आर्थिक प्रगति व निवेश पर प्रतिकूल प्रभाव पड़ता है।

⇒ <u>समाधान</u> :- विश्व आतंकवाद की एक मानक परिभाषा तय करे।

- गुड टेररिज्म एवं बेड टेररिज्म की अवधारणा खत्म हो
- आतंक समर्थक देशों को कूटनीति द्वारा वैश्विक मंच पर अलग-थलग करने के प्रयास हो व उन पर आर्थिक प्रतिबंध लगवाए जाएँ। (सामरिक कूटनीति का प्रयोग)

eg SCO, IMF की ग्रे, ब्लैक लिस्ट, FATF, UNSC

- धार्मिक ग्रंथो की उदार व्याख्या
- वित्तीय सहायता बंद
- सोशल मीडिया पर प्रभावी प्रतिबंध → सहयोग PPP मॉडल मेटा, टेलीग्राफ etc.
- पुलिस प्रशासन को आधुनिक बनाना
  उदा. - प्रकाश सिंह बादल केस
- सख्त कानूनों का निर्माण
  उदा. - UAPA 1967, NIA 2008, PMLA 2002
- विभिन्न देशों के मध्य सहयोग
  उदा. - क्वाड, बिम्सटेक, आसियान, SCO, G-20, इंटरपोल
- साइबर रक्षा तंत्र का विकास
  - उदा. - CERT-In, I4C आदि
- नैतिक शिक्षा और इंसानियत को भी प्रोत्साहन
  उदा. - ऑपरेशन सद्‌भावना, उड़ान योजना

- युवाओं को आतंकवाद के चंगुल में फंसने से रोकना

  उदा. - कौशल + शिक्षा + रोजगार प्रदान करना

  उड़ान और हिमायत स्कीम J&K में

- पोरस सीमा और समुद्री मार्ग जैसे भेद्यक्षेत्रों को मजबूत बनाना।

  eg व्यापक एकीकृत सीमा प्रबंधन प्रणाली

  - AI संचालित निगरानी, थर्मल इमेजिंग ड्रोन, स्मार्ट फेंसिंग

- इंटेलिजेंस जानकारी के साझाकरण और एकीकरण को सुदृढ़ करना

  उदा - NIA + IB + RAW और राज्य बलों के बीच वास्तविक समय में खतरे का संलयन।

  नेटग्रिड, मल्टी ऐजेंसी सहयोग (MAC)

  इंटरपोल का सहयोग।

- साइबर विशिष्ट आतंकवाद रोधी कानून बनाना

- फाइव आइज इंटेलिजेंस जैसे गठबंधनों का निर्माण करना

- स्थानीयकृत डी- रेडिकलाइजेशन कार्यक्रम

  ↳ शिक्षा + रोजगार + खेल + सांस्कृतिक

  ↓ खेलो इंडिया केन्द्र स्थापित किए जा सकते

  उदा. बस्तर ओलंपिक, हिमायत और उम्मीद योजना J&K में

- स्थानीय लोगों को शामिल करना सुरक्षा पंक्ति में

  उदा. ग्राम - रक्षा गार्ड (J&K)

- जनजागरूकता + PPP मॉडल + आर्थिक एवं कूटनीतिक लाभ का उपयोग करना

उदा. भारत द्वारा अप्रैल 2025 में पाकिस्तान के साथ सिंधु जल संधि को निलंबित करना

- सामरिक कूटनीति का प्रयोग
  ↳ SCO, G-20, FATF जैसे मंचो का उपयोग

⇒ आतंकवाद किस प्रकार भारत की आंतरिक सुरक्षा और भू-राजनीतिक हितों को चुनौती दे रहा है ?

- सीमा पार आतंकवाद (पाकिस्तान प्रायोजित)
- स्थानीय आबादी का कट्टरपंथीकरण
- साइबर अपराध (दूसरा लक्षित देश भारत)
- संगठित अपराध के साथ जुड़ना
- वामपंथी उग्रवाद
- पूर्वोत्तर राज्यों में उग्रवाद

⇒ भारत द्वारा पहले आतंकवाद निरोध के लिए

- 1996 में UN महासभा में भारत ने "अन्तर्राष्ट्रीय आतंकवाद पर एक व्यापक अभिसमय (CCIT) को स्वीकार किये जाने का प्रस्ताव था।
  ↳ CCIT एक कानूनी ढाँचा प्रदान करता है जो आतंकवादी समूहों को धन और सुरक्षित आश्रय नहीं देने के लिए सभी को बाध्यकारी बनाता है।

- कानूनी ढाँचा - UAPA 1967 + NIA act 2008

- विशेष आतंकवाद निरोधक तंत्र
  - ↳ NIA + NSG + NATGRID
- सीमा और समुद्री सुरक्षा के लिए
  - ↳ व्यापक एकीकृत सीमा प्रबंधन प्रणाली
- तकनीकी : नए दूरसंचार नियम
- साइबर सुरक्षा - I4C, CERT-IN, NATRO, राष्ट्रीय महत्वपूर्ण अवसंरचना केन्द्र
- समुदाय आधारित कट्टरपंथी विरोधी
  - ↳ ऑपरेशन सद्भावना, हिमायत व उड़ान स्कीम
  - ↳ ग्राम रक्षा गार्ड
- वित्तीय निगरानी - वित्तीय आसूचना इकाई भारत, PMLA संशोधन
- वैश्विक एवं द्विपक्षीय सहयोग
  - ↳ UN में संकल्प + ब्रिक्स आतंकवाद रोधी रणनीति + FATF + संयुक्त राष्ट्र आतंकवाद विरोधी कार्यालय + इंटरपोल + SCO क्षेत्रीय आतंकवाद रोधी संरचना
- No money for terror conference 2025
- अंतर्राष्ट्रीय प्रयास - आतंकी यात्रा पहल
  - क्राइस्टचर्च कॉल टू एक्शन (2019)
  - आतंकवाद प्रतिरोध समिति
  - UNSC प्रस्ताव 1267 : तालिबान और अलकायदा प्रतिबंधात्मक प्रवृत्ति

अन्य तथ्य / keyword / etc.

- आतंकवाद प्रतिरोध के लिए पाँच सूत्रीय रणनीति
  - → आतंकवाद को स्पष्ट रूप से परिभाषित करना
  - → छद्म युद्ध को उजागर करना
  - → राज्य और गैर राज्य तत्वों के गठजोड़ को संबंधित करना
  - → आतंकी वित्तपोषण को रोकना
  - → सुरक्षित ठिकानों को नष्ट करना
- शुन्य सहिष्णुता नीति
- समग्र शासन दृष्टिकोण
- वैश्विक आतंकवाद सूचकांक 2025
  - → भारत की Rank- 14
  - → 2024 में आतंकवाद से होने वाली मौतों में 13% की कमी
- आतंकवाद रोधी सम्मेलन - 2024 आयोजित → NIA द्वारा

3 संचार नेटवर्क के माध्यम से आंतरिक सुरक्षा चुनौतियों में मीडिया और सोशल नेटवर्किंग साइटों की भूमिका, साइबर सुरक्षा की मूल बातें

Q.1 साइबर अपराध के विभिन्न प्रकारों और इस खतरे से लड़ने के लिए आवश्यक उपायों की विवेचना कीजिए।
(UPSC - 2020, 150 शब्द)

Q.2 भारत की आंतरिक सुरक्षा को ध्यान में रखते हुए, सीमा पार से होने वाले साइबर हमलों के प्रभाव का विश्लेषण कीजिए। साथ ही इन परिष्कृत हमलों के विरुद्ध रक्षात्मक उपायों की चर्चा कीजिए।
(UPSC main-2021, 10 अंक)

Q.3 साइबर सुरक्षा के विभिन्न तत्व क्या हैं? साइबर सुरक्षा की चुनौतियों को ध्यान में रखते हुए समीक्षा कीजिए कि भारत ने किस हद तक एक राष्ट्रीय साइबर सुरक्षा रणनीति सफलतापूर्वक विकसित की है।
(UPSC main 2022, 15 अंक)

Q.4 साइबर डोम प्रोजेक्ट क्या है? स्पष्ट कीजिए कि भारत में इंटरनेट अपराधों को नियंत्रित करने में ये किस प्रकार उपयोगी हो सकता है।
(UPSC main 2019, 10 अंक)

Q.5 साइबर आक्रमण के संभावित खतरों की व इन्हें रोकने के लिए सुरक्षा ढाँचे की विवेचना कीजिए।
(UPSC main 2017, 10 अंक)

संचार नेटवर्क के माध्यम से आंतरिक सुरक्षा को चुनौतियाँ

- संचार नेटवर्क इलेक्ट्रॉनिक यंत्रों और उपकरणों का अंत: समायोजन है जो उन्हें डाटा वॉइस और वीडियो के रूप में सूचना को प्रेषित करने में सक्षम बनाता है।
- नेटवर्क अवसंरचना
  ↳ मोबाइल, लैपटॉप, सेंसर, सर्वर, web-Application, LAN, WAN, optical फाइबर नेटवर्क etc सम्मिलित हैं।

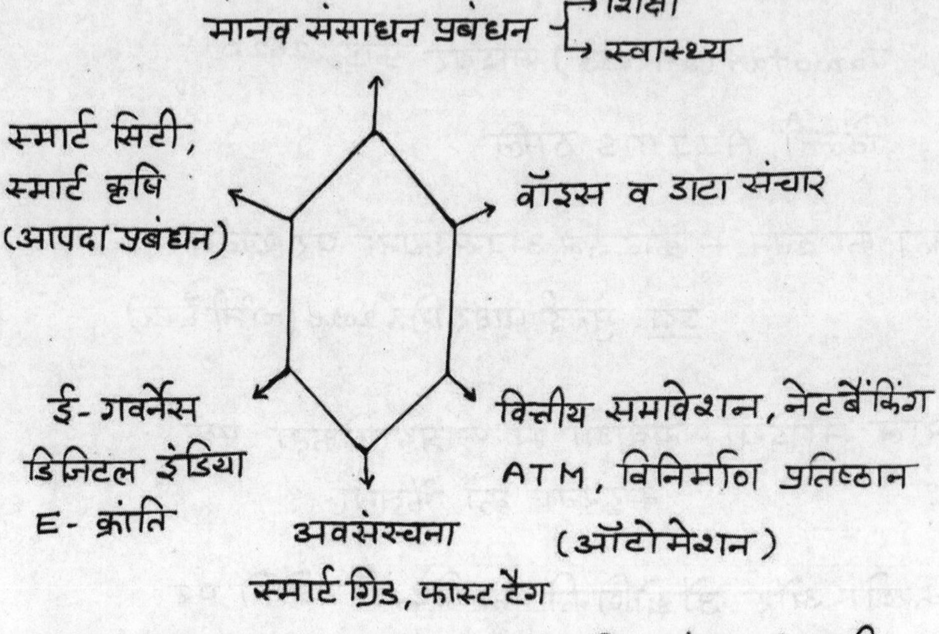

CASE-STUDY - smart city के लिए संचार नेटवर्क

- स्मार्ट परिवहन
- तार रहित 4G, 5G और wifi
- उपग्रह आधारित नेटवर्क
- शहरी क्षेत्र का डाटा (स्मार्ट उपकरण एवं सेंसर)
- मशीनों में पारस्परिक कनेक्टिविटी
- APP (नागरिकों को सेवा प्रदान)

संचार नेटवर्क, से संबंधित प्रमुख सुरक्षा संबंधी खतरे व चुनौतियाँ

- परमाणु संयंत्रो पर कब्जा व परमाणु हमले
  उदा. - कुडनकुलम परमाणु संयंत्र
- शेयर बाजार संचलन में बाधा
- डिजिटल गोपनीयता व बौद्धिक संपदा अधिकारों को खतरा
- सरकारी वेबसाइट पर हमला व खुफिया सूचनाएँ चुराना
- बैंकिंग डेटा की चोरी- आम जन के साथ धोखाधड़ी
  उदा. Jamatara (झारखंड) साइबर फ्राड, 2020
  दिल्ली AIIMS हमले
- निजता का हनन + क्रिटिकल अवसंरचना पर खतरा
  उदा. मुंबई पावर ग्रिड 2020 (चीनी हैकर)
- सोशल मीडिया- युवाओं में सांप्रदायिकता एवं कट्टरता का फैलना
- उपकरणों और प्रौद्योगिकी का विदेशी स्त्रोतों पर निर्भर होना → 60% आयात चीनी दूरसंचार उपकरण
- नक्सलवाद और विद्रोह में USE
  उदा. -2016 बुरहान वानी एनकाउंटर
- खतरों की विकसित होती प्रकृति → डीपफेक, क्रिप्टो
  उदा. - सिल्क रोड डार्क वेब मार्केट प्लेस

- आतंकवाद → online भर्ती (ISIS) → Telegram, → डार्क वेब का use
  - ↓ VoIP का use
- संरचनात्मक चुनौतियाँ → संघवाद, → सुरक्षा ऐजेंसियों के बीच समन्वय
- डेटा सुरक्षा → उदा॰ पेगासस स्पाईवेयर
- विनियमों का निम्न प्रवर्तन + साइबर क्राइम
  - eg. झारखंड का जामतारा फिशिंग स्कैम
- निजी क्षेत्र के पास संचालन का महत्वपूर्ण भाग
- साइबर विशेषज्ञों का अभाव + जागरूकता का अभाव

⇒ संचार नेटवर्क को सुरक्षित रखने का महत्व

महत्व
- साइबर सुरक्षा
- राष्ट्रीय सुरक्षा (सेना, पुलिस, खुफिया ऐजेंसियों के बीच त्वरित संचार) → उरी हमला
- परस्पर बढती निर्भरता
- आपदा प्रबंधन
- डिजिटल प्रौद्योगिकी को विश्वसनीय बनाना (डिजि लॉकर)
- डिजिटल संप्रभुता की रक्षा

⇒ खतरे

खतरे
- प्राकृतिक
  - भूकंप, ज्वालामुखी
  - सौर तूफान (उपग्रहों को नुकसान)
  - सुनामी
- मानवजनित
  - असंतुष्ट कर्मचारियों द्वारा
  - शत्रुपूर्ण राष्ट्रों द्वारा
    - eg- मैलवेयर, स्पाईवेयर, फिशिंग
  - आतंकी संगठन से संबद्ध समूहों द्वारा
  - आतंकी संगठनों द्वारा

⇒ संचार नेटवर्क के समक्ष सुरक्षा खतरों के उदाहरण

- नेटवर्क और पैकेट सिफिंग - द्वारा सरकारी व व्यवसायिक डेटा प्रवाह को गंभीर रूप से बाधित किया जाता है।
- डिनायल ऑफ सर्विसेज : वेबसाइट व सिस्टम संचालन को अस्थायी रूप से बाधित
- वायरस व ट्रोजन हॉर्स हमला → मूल पहचान छुपाने वाला एप्लीकेशन
- रेनसमवेयर
  ↳ मेलवेयर - सिस्टम लॉक - ब्लैकमेल
  eg → वानाक्राई रैनसमवेयर

आगे की राह :-

- साइबर सुरक्षा अवसंरचना मजबूत करना
  eg NCCC, CERT-IN, I4C
- AI और बिग डेटा मॉनिटरिंग
  ↳ रियल टाइम में फेक न्यूज और कट्टरपंथी कंटेंट पकड़ना।
- PPP मॉडल → सॉशल मीडिया कंपनियों से डेटा साझा करने के लिए बाध्य करना
  उदा. - EU में डिजिटल सर्विस एक्ट

- जनजागरूकता + कानूनी ढाँचे को अपडेट करना
  - ↳ नए IT Rule
  - ↳ व्यक्तिगत डाटा संरक्षण एक्ट - 2023
- अंतर एजेंसी समन्वय
  - ↳ RAW + IB + NIA + State police
- अन्तर्राष्ट्रीय सहयोग
  - ↳ उदा. - बुडापेस्ट सम्मेलन
- मेक इन इंडिया - संचार नेटवर्क आत्मनिर्भरता
- संचार आधारभूत ढाँचा मजबूत + मानव संसाधन विकास
- डिजिटल साक्षरता + क्षमता निर्माण + R&D + डिजिटल निवेश
- बेहतर पूर्वानुमान + डिजिटल सुरक्षा में वृद्धि + AI व ML का use
- मजबूत वैधानिक ढाँचा व त्वरित न्याय
- महत्वपूर्ण अवसंरचना या क्रिटिकल Infrastructure
- IT act 2000 की धारा 70
- ऐसा कम्प्युटर संसाधन जिसके नष्ट हो जाने से राष्ट्रीय सुरक्षा, अर्थव्यवस्था, लोकस्वास्थ्य या सुरक्षा कमजोर होगी।

Eg परमाणु संयंत्र, बिजली ग्रिड, बाँध, बैंकिंग, स्वास्थ्य देखभाल, IT, परिवहन आदि

- राजनीतिक, आर्थिक, सामाजिक या राष्ट्रीय अस्थिरता उत्पन्न।

⇒ सरकारी प्रयास –

- 2012 - राष्ट्रीय दूरसंचार नीति
  ↳ 2020 तक भारतीय दूरसंचार क्षेत्रक की मांग के 60-80% को दूरसंचार उपकरणों के घरेलू उत्पादन के द्वारा पूर्ण करने का लक्ष्य निर्धारित किया था।
- राष्ट्रीय डिजिटल दूरसंचार नीति 2018
  ↳ व्यापक डाटा संरक्षण व्याख्या
- राष्ट्रीय इलेक्ट्रॉनिक्स नीति
- NTRO (राष्ट्रीय तकनीकी अनुसंधान संगठन) द्वारा राष्ट्रीय महत्वपूर्ण अवसंरचना संरक्षण केन्द्र का निर्माण (NCIIPC) (साइबर आतंकवाद एवं अन्य खतरों से रक्षा)
- CERT-IN, TERI, IT act 2000
- DPI - (डिजिटल पब्लिक इंफ्रास्ट्रक्चर)
- साइबर स्वच्छता केन्द्रों की स्थापना, संचार मित्र योजना

आंतरिक सुरक्षा चुनौतियों में मीडिया और सामाजिक नेटवर्किंग साइटों की भूमिका

मीडिया :- कोई भी ऐसा संचार माध्यम जिसके द्वारा किसी भी प्रकार की जानकारी, समाचार, मनोरंजन, शिक्षा, डेटा संदेश आदि प्रसारित किया जा सकता है, उसे मीडिया कहा जाता है।

मीडिया प्रकार
- प्रिंट मीडिया
  - समाचार
  - Book
  - पत्रिकाएँ
- आधुनिक युगीन मीडिया
  - e-book
  - mobile, computer
- इलेक्ट्रॉनिक
  - website, social Networking site
  - TV, रेडियो, सिनेमा

⇒ भारत में मीडिया की भूमिका

- अभिव्यक्ति के रूप में
- लोकतंत्र का चौथा स्तंभ
  - ↳ सरकार के तीनों अंगो तथा जनता के मध्य सेतु का कार्य
  - ↓ वॉच डॉग
- लोगों को शिक्षित करना + जागरुकता अभियान

  उदा. - स्वच्छ भारत अभियान, पल्स पोलियो अभियान विज्ञापन
- वस्तुओं के वितरण में प्रोत्साहन (विज्ञापन
  - ↳ उदा. - विज्ञापन (surf excel, अन्य वस्तु-सेवाओं के)

राष्ट्र निर्माण में

↳ ज्ञान, skills, tech. परियोजना जानकारी etc.

उदा. PM-e-विद्या मंच, NTPL आदि

- जनमत निर्माण में
  ↳ चुनावों में मुद्दों को सामने लाकर लोकतंत्र को मजबूती देना

eg 2014, 2019, 2024 चुनावों में

↳ USA चुनावों में

- जवाबदेही और पारदर्शिता
  ↳ सरकार की नीतियों और निर्णयों पर सवाल उठाना

eg 2G स्पेक्ट्रम घोटाला, कॉमनवेल्थ गेम्स घोटाला

- सूचना का अधिकार + सूचना का लोकतंत्रीकरण
  ↳ नागरिकों को जानकारी
  ↳ Information empowerment

- सामाजिक सुधार
  ↳ महिला अधिकार, दलित अधिकार, पर्यावरण संरक्षण जैसे आंदोलनों में भूमिका

eg→ जोजड़ी नदी मामले में कवरेज

eg→ निर्भया केस (2012)→ महिलाओं की मीडिया कवरेज → कानून बदलाव

eg→ चिपको मूवमेंट की नेशनल कवरेज

- सांस्कृतिक संरक्षण में
  ↳ eg संसद T.V. पर "मैं भी भारत" कार्यक्रम ऐतिहासिक धरोहर का
  ↳ Soft power projection

- अन्तर्राष्ट्रीय तुलना और सुधार
  ↳ अन्य देशों के सर्वोत्तम प्रथाओं को उजागर करना

  (eg) Scandinavian countries की gender equality Practices

- लोकतांत्रिक संवाद का मंच
  ↳ टेलीविजन डिबेट्स, न्यूज पोर्टल्स नागरिकों को नीति मुद्दों पर चर्चा का अवसर देते हैं।

- Start up और innovation को बढावा

  eg → Shark tank India जैसे कार्यक्रम

- सामाजिक आंदोलनों को बल

  eg → भ्रष्टाचार विरोधी आंदोलन 2011

- विदेश नीति और अन्तर्राष्ट्रीय छवि

  eg → G-20 सम्मेलन 2023 की ग्लोबल कवरेज

- आपदा प्रबंधन और राहत कार्य

  eg → केदारनाथ त्रासदी 2013, 2004 सुनामी

- जनसाधारण के दृष्टिकोण और आदतों में परिवर्तन लाने में सहायक सिद्ध
  ↳ HIV/AIDS/पोलियो अभियान

- सरकार की धारणाओं का आकार देना, जनता की राय को प्रभावित करना, लोकतंत्र को बढावा देना, सुशासन के साथ-साथ लोगों के व्यवहार को प्रभावित करना।

- वैश्वीकरण के दौर में भूमिका → राष्ट्रीय मुद्दे / अन्तर्राष्ट्रीय मुद्दे

⇒ राष्ट्रीय सुरक्षा और मीडिया →

- सूचना युद्ध का हथियार
  ↳ आधुनिक युद्ध केवल बंदूक से नहीं बल्कि Narrative control से भी लड़े जाते हैं।

(eg) रूस-युक्रेन युद्ध (दोनों पक्षों ने मीडिया का use)

- आतंकवादी विरोधी भूमिका
  ↳ मीडिया आतंकवादी संगठनों के प्रोपेगेंडा को तोड़कर काउंटर रेडिकलाइजेशन पेश करता है।

(eg) भारत में ISIS की online भर्ती रोकने के लिए मीडिया अभियान

- Fake News और अफवाह पर नियंत्रण
  ↳ fake news → सांप्रदायिक हिंसा → आंतरिक सुरक्षा संकट

(eg) दिल्ली दंगे 2020 (डिजिटल सिक्योरिटी चैलेंज)

- जागरूकता और security literacy
  ↳ मीडिया जनता को साइबर सुरक्षा, नशा विरोध, मनी लॉड्रिंग, सीमा सुरक्षा पर सचेत करता है।

(eg) RBI का Beware of fraud calls अभियान

(eg) Now TV पर 'डिजिटल अरेस्ट' के बारे में

- आतंकी हमलों की रिपोर्टिंग

उदा:- 26/11 मुंबई हमले - मीडिया कवरेज ने आतंकियों को tactical advantage दिया।

- Soft power diplomacy ↑

उदा: - G-20 summit का कवरेज

- सामाजिक सामंजस्य में भूमिका

उदा - NE में शांति वार्ता में मीडिया ने समर्थन किया

- पारदर्शिता और जवाबदेही

उदा: बोफोर्स घोटाला (बहस खड़ी की)

watch dog function

- आपदा प्रबंध और राहत कार्य

उदा. COVID-19 (दूरदर्शन पर निर्देश)

crisis communication का कार्य

- आर्थिक और वित्तीय सुरक्षा

↳ हवाला, मनी लॉड्रिंग, ब्लैक मनी के मुद्दों को उजागर करना

उदा:-पनामा पेपर्स (2016)→ global level पर भ्रष्टाचार उजागर

- साइबर सुरक्षा सहयोग

↳ cyber hygine promotion

- policy learning में

↳ विदेशी सुरक्षा रणनीतियों को सामने लाता है

(eg) EU का digital service act (2022)→ फेक न्यूज रोकने का मॉडल

सामुदायिक मीडिया की भूमिका

↳ Local Radio channel ग्रामीण - आदिवासी क्षेत्रों में उग्रवाद रोकने में सहायक

(eg) रेडियो बुंदेलखंड, रेडियो मेवात

"Community security Model"

- मीडिया नैतिकता

  ↳ security sensitive reporting + Privacy + Report + factual integrity ≡ सुरक्षा मजबूत

(eg) आचार संहिता (द हिंदू की संपादकीय संहिता)

पत्रकार समीक्षा (इंडियन एक्सप्रेस)

आंतरिक लोकपाल (टाइम्स ऑफ इंडिया)

सार्वजनिक जवाबदेही (NDTV)

- लोकतंत्र और राष्ट्रीय सुरक्षा संतुलन

(eg) USA - 9/11 के बाद Patriot act के तहत media Regulation debate

(freedom - security - Balance)

मुद्दे/चुनौतियाँ : पेड न्यूज + पीत पत्रकारिता + ब्रेकिंग न्यूज 24×7

↳ TRP / वाणिज्यिक दबाव और सनसनीखेज पत्रकारिता

उदा. 26/11 अटैक

- मीडिया ट्रायल और पक्षपातपूर्ण रिपोर्टिंग
- लोकतंत्र बनाम सुरक्षा संतुलन

  ↳ प्रेस की स्वतंत्रता को बनाए रखना

- Fake News + disinformation
  ↳ सूचना प्रदूषण
- प्रोपेगेंडा और विदेशी हस्तक्षेप
  उदा. The news click पोर्टल
- Regulatory gap
  ↳ प्रेस काउंसिल + स्वयं नियामक अक्सर पर्याप्त नहीं
- न्यूनतम मीडिया साक्षरता + जागरूकता का अभाव
  ↳ मीडिया लिटरेसी गैप
  ↳ फेक न्यूज पहचानने में असमर्थ
- मीडिया का धीमा प्रतिक्रिया समय (Information Lag)
- राष्ट्रीय सुरक्षा के मुद्दों पर अपनी स्वच्छ और असंवेदनशील रिपोर्टिंग eg 26/11 हमला लाइव कवरेज
- राष्ट्रीय सुरक्षा से संबंधित मुद्दों पर चर्चा करने वाले भारतीय TV एंकरों के पास परिपक्वता नहीं
- परीक्षण और संस्कृति का अभाव
- प्रमाणिकता की बजाय कवरेज की विशिष्टता को प्राथमिकता
- मीडिया विभिन्न मुद्दों → सांप्रदायिक तनाव
  → UPSC जिहाद प्रोग्राम

उपाय / आगे की राह

- रिपोर्टिंग में जवाबदेही + तटस्थता + निष्पक्षता + वस्तुनिष्ठता
- यह सुनिश्चित करना कि अपराध और हिंसा का महिमामंडन न हो।

- मीडिया साक्षरता एवं जागरूकता अभियान
  ↳ डिजिटल इंडिया के तहत ग्रामीण और शहरी क्षेत्रों में मीडिया साक्षरता अभियान
- मीडिया नैतिकता एवं आत्मनियमन (Self Regulation)
  ↳ प्रेस काउंसिल के दिशा-निर्देश पालन करना
  उदा. BBC Public service braudcasting Model
  ↳ उत्तरदायी पत्रकारिता ↑
- फेक्ट चेक और डिजिटल सत्यापन तंत्र
  ↳ Misinformation रोकने के लिए AI और Tech आधारित सत्यापन टूल्स का प्रयोग
  उदा. PIB फेक्ट चेक, EU- डिजिटल सर्विस एक्ट
- सुरक्षा संवेदनशील रिपोर्टिंग दिशा निर्देश
  ↳ आतंकवादी हमले, सैन्य हमले, अभियानों, आपदा कवरेज etc के लाइव कवरेज के प्रोटोकॉल सुनिश्चित करना।
- रणनीतिक मीडिया साझेदारी
  ↳ सरकार + मीडिया + Tech कंपनी ≡ Verified
  eg फेसबुक पहल- "Report it Not share it"
- सामुदायिक मीडिया सशक्तिकरण
- अन्तर्राष्ट्रीय सहयोग और वैश्विक मानकों से सीखकर भारत में लागू करना
  eg scadinavian fact-checking models

- AI और डेटा विश्लेषण का समावेश
- संस्थागत ढाँचे को मजबूत करना

govt. पहल

- 1978 का प्रेस एक्ट
- 1980 का राष्ट्रीय सुरक्षा एक्ट
- नागरिक सुरक्षा एक्ट 1968
- प्रसारण संहिता
- प्रेस काउंसिल ऑफ इंडिया
- समाचार प्रसारण मानक प्राधिकरण

सोशल मीडिया

विशेषताएँ →
- सहभागिता
- खुलापन
- संवाद
- समुदाय, संयुक्तता

- **सोशल नेटवर्क** :- ये साइटें लोगों को व्यक्तिगत वेब पेज बनाने और तत्पश्चात सामग्री साझा करने तथा संचार के लिए दोस्तों से जुड़ने की अनुमति प्रदान करती हैं।

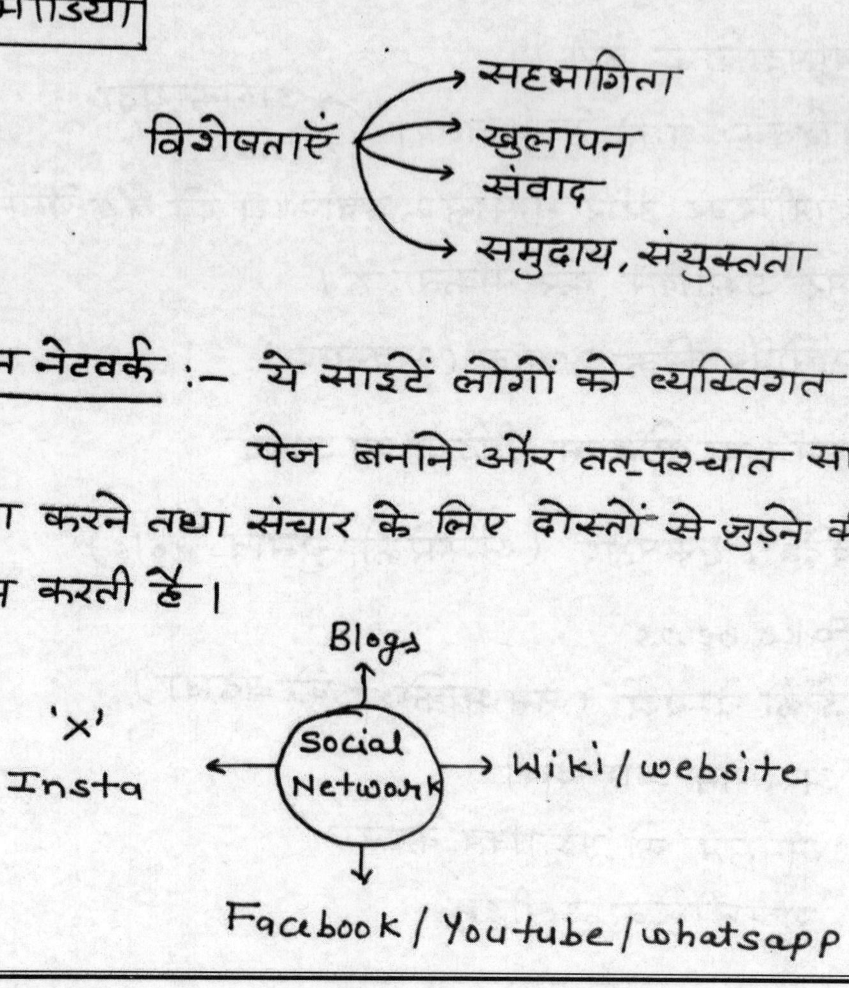

- इंटरनेट का अभिन्न हिस्सा
- ग्लोबल स्टैटिस्टिक्स के अनुसार भारत में Int. उपयोग कर्ताओं की संख्या 850M है (लगभग)
- Online सुरक्षा संबंधी खतरों की सर्वाधिक संभावना Social Networking site पर है।

खतरा कैसे :- झूठी सूचनाओं का तेजी से प्रसार

- गोपनीय सूचनाओं का चोरी होना।
- ट्रोलिंग
- सामाजिक सद्भावना को चुनौती
- सांप्रदायिक दंगे
- वैश्विक शांति हेतु खतरा → अलकायदा, ISIS
- शारीरिक और मानसिक स्वास्थ्य को बड़े पैमाने पर प्रभावित कर सकता है।
- मनोवैज्ञानिक प्रभाव (अवसाद)

⇒ लोकतंत्र पर सोशल मीडिया का प्रभाव

- विदेशी हस्तक्षेप (अमेरिकी चुनाव-2016)
- Fake news
- ईको चेम्बर्स (जन आक्रोश को बढावा)
- असमान भागीदारी
- जनमत को प्रभावित करना
- राजनीतिक उत्पीड़न

⇒ इंटरनेट एवं सोशल मीडिया का विध्वंसकारी गतिविधियों हेतु प्रयोग :-

- बैंकिंग संबंधी गोपनीय जानकारी चोरी करना
- ई-मेल खातों से निजी जानकारी चोरी करना
- Online धोखाधड़ी
- कट्टरपंथी विचारधारा का प्रचार-प्रसार करना
- किसी व्यक्ति की सार्वजनिक छवि को धूमिल करना
- राजनीतिक अस्थिरता पैदा करना

  eg→ नेपाल, बांग्लादेश
- सांप्रदायिक दंगे, जातिवाद का प्रचार प्रसार
- हिंसात्मक गैर राज्य अभिकर्ताओं (आतंकवादी) संगठन द्वारा सोशल मीडिया तथा इंटरनेट उपयोग भर्ती धन जुटाने, भय फैलाने
- संदेशों का आदान प्रदान करने, आतंकवादी गतिविधियों में समन्वय स्थापित करने तथा अपने विचारों का प्रचार-प्रसार के लिए किया जाता है।

आंतरिक सुरक्षा के लिए खतरा

- आतंकवाद
- विरोध प्रदर्शन और क्रांति
- अपराधिकता
  - → child pornography
  - → वायरस फिशिंग
  - → मनी लॉड्रिंग
- युद्ध

<u>महत्वपूर्ण मुद्दे</u> :- • सेफ हार्बर रूल

• सोशल मीडिया का विनियमन

↳ नागरिक केन्द्रित सरकार → सेवा वितरण / राय / नीति निर्माण में

• निजता का अभाव → साइबर स्टॉकिंग

• साइबर बुलिंग → Black mail / अफवाह / छवि धुमिल करने में

• Fake news

• ट्रॉलिंग → women, शिकार

लिंग, धर्म, जाति, वैवाहिक स्थिति के आधार पर

• जवाबदेही

• क्षेत्राधिकार संबंधी चुनौतियाँ

↳ मेटा भारत से बाहर सर्वर स्थापित

• फर्जी प्रोफाइल (अनामिता)

⇒ Social media चुनौतियाँ

विनियमन और ध्रुवीकरण का अभाव

↑

भ्रामक विज्ञापन ← **चुनौतियाँ** → गोपनीयता संबंधी चिंताएँ

↓

साइबर बुलिंग और उत्पीड़न

उपाय

- साइबर पुलिस
- मेरा डेटा मेरा नियंत्रण (web 3.0)
- विशेषज्ञों का use + प्रभावी कानून
- सूचना का लोकतांत्रिकरण
- सामाजिक जागरूकता
- सरकार से सीधा संवाद
- एक समर्पित सोशल मीडिया नीति
- रचनात्मक और आत्म अभिव्यक्ति को बढ़ावा देना
- सख्त कंटेंट मोडरेशन
- ग्राहक-जुड़ाव में वृद्धि
- एजेंसियों को सख्त बनाना

Govt पहल :-

- IT Act 2000 की धारा 69 और 69A

सूचना को विनियमित
- → लोक व्यवस्था
- → रक्षा सुरक्षा, एकता व अखंडता
- → विदेशी राष्ट्रों के साथ मैत्रीपूर्ण संबंध

69B :→ साइबर अटैक / Crime

- दूरसंचार नियम 2024
- ओसाका ट्रैक बहिष्कार
- चीनी मोबाइल एप पर BAN
- डिजिटल व्यक्तिगत डेटा संरक्षण Act 2023

अन्य मुद्दे :- डेटा स्थानीयकरण (data localisation)
- → हमारे अपने डेटा पर नियंत्रण हो
- → भारतीय नागरिकों का डाटा भारत में ही
- → अपने नागरिकों की सुरक्षा
- → शासन की गुणवत्ता में वृद्धि

• 2018 B.N. श्रीकृष्णा समिति सिफारिश

- → डेटा सुरक्षा पर
- → महत्वपूर्ण डाटा केवल भारत में संग्रहित और संसाधित किया जाएगा
- → व्यक्तिगत डेटा की एक प्रति भारत में
- → देश के बाहर स्थानान्तरण को सुरक्षा उपायों के अधीन

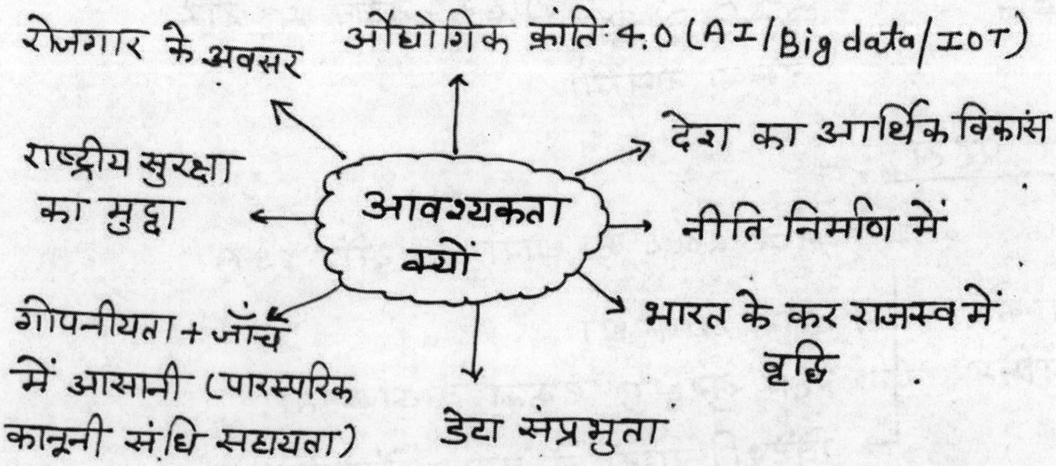

• इसका उपयोग आर्थिक प्रभावों, पर्यावरणीय प्रभावों एवं स्वास्थ्य, शिक्षा या समाज पर सामान्य रूप से प्रभाव के साथ निर्णय लेने के लिए किया जा सकता है।

⇒ Online रेडिकलाइजेशन (कट्टरतावाद)

- Whatsapp जैसे एन्क्रिप्टेड मैसेज
- गेमीफिकेशन तकनीक

• लोन वुल्फ : वह व्यक्ति होता है जो किसी आतंकी समूह या व्यक्ति या सरकार के सहयोग के बिना हिंसक। आतंकी कार्रवाई की योजनाओं को तैयार करता है और उन्हें अंजाम देता है।

कारक

- आर्थिक कारक
- शिक्षा तक पहुँच कमी
- मनोवैज्ञानिक कारक (अलगाव की भावना)
- डार्क वेब
- VPN
- दुष्प्रचार
- संघर्ष का लाभ उठाना
- राजनीतिक कारक
- डीपफेक एवं जनरेटिव AI

उपाय

- डी रेडिकलाइजेशन और काउंटर रेडिकलाइजेशन पर ध्यान
- AI की Help
- कंटेंट मॉडरेशन
- Account block

पहलें

- संयुक्त राष्ट्र वैश्विक आतंकवाद रोधी रणनीति
- EU का डिजिटल सेवा एक्ट
- ग्लोबल इंटरनेट फोरम टू काउंटर टेररिज्म - NGO
- टेक अगेंस्ट टेररिज्म (मेटा, X, Youtube, microsoft)
  → प्रौद्योगिकी कंपनी + online सेवा प्रदाता
- क्राइस्ट चर्च कॉल → 130 govt + नागरिक समाज
  ↓
  उद्देश्य : इंटरनेट से आतंकवादी और हिंसात्मक कंटेंट को हटाना
- UAPA 1967 → सिमी नामक संगठन गैर कानूनी घोषित
- आतंकवाद रोधी और कट्टरतावाद रोधी प्रभाग की स्थापना
- IT act 2000
- I4C

- महाराष्ट्र पुलिस का डी रेडिकलाइजेशन कार्यक्रम
  - ↳ गोपनीयता
  - ↳ अपराधिक मामला दर्ज
- ऑपरेशन पिजन (केरल)
  - ↳ युवाओं हेतु परामर्श सत्र आयोजित

सेना • सही रास्ता कार्यक्रम

↳ J&K के कट्टरपंथी बन चुके / सुभेद्य युवाओं को मुख्यधारा में वापस लाने के लिए।

- ऑपरेशन सद्भावना
  - ↳ लद्दाख
  - ↳ आर्मी गुडविल + स्कूल, अवसंरचना etc पर जोर

⇒ एल्गोरिदम एम्पलीफिकेशन और कट्टरपंथवाद

इसमें
- → users के व्यवहार का विश्लेषण करते हैं
  - tagline like कमेंट शेयर के आधार पर
- → मशीन लर्निंग मॉडल का use

- इको चेंबर और फिल्टर बबल का निर्माण
  - ↳ सामूहिक पूर्वधारणा को मजबूत
  - ↳ सामूहिक ध्रुवीकरण ↑
- यह दिखाता है कि कैसे सोशल मीडिया प्लेटफार्म यूजर्स की खास विचारधारा में फंसाते हैं और भेदभावपूर्ण कंटेंट क्यूरेशन मॉडल के माध्यम से उनकी राय में बदलाव करते हैं।

उदा.- IS द्वारा टेलीग्राम का उपयोग

उदा. – अलकायदा द्वारा Youtube का उपयोग / संबोधन

रोकने में चुनौतियाँ –

→ जटिल मेकेनिज्म → Social मीडिया एल्गोरिदम Black Box की तरह कार्य करते हैं
  ↳ बनाने वाले को भी नहीं पता

→ चरमपंथी समूह अपने कंटेंट को टेक्स्ट को बैन होने से बचाने के लिए कट्टरपंथ को बढ़ावा देने वाले कंटेंट को यूफेमिज्म या कूट भाषा में बदल देते हैं।

उदा.- ISIS और अलकायदा use

→ अन्तर्राष्ट्रीय कानून और सहयोग की कमी

पहलें · IT Rule 2021

- Int. level पर → EU का डिजिटल सर्विसेस एक्ट 2023
- क्राइस्टचर्च कॉल (130⁺ govt + नागरिक समाज का use)
  ↳ चरमपंथी कंटेंट को हटाने का कार्य

अन्य मॉडल / Example

- जर्मनी का नेट्ज कानून (Netz कानून)
  ↳ 24 घंटे के भीतर आपत्तिजनक कंटेंट को नहीं हटाने पर सोशल मीडिया प्लेटफॉर्म पर जुर्माना लगता है।
- फ्रांस सरकार (कस्टम-मेड-कंटेंट-मॉडरेशन)
  ↳ चरमपंथी कंटेंट का पता एवं प्रसारित होने से रोकना

- United kingdom का online safety Bill
  - ↳ जनजागरूकता के लिए

⇒ सोशल मीडिया इन्फ्लुएंसर्स का राष्ट्रीय सुरक्षा पर प्रभाव
- → एक youtuber को जासूसी के आरोप में गिरफ्तार
- → BNS - धारा 152
- ↳ ऑफिशियल सीक्रेट्स एक्ट 1923

<u>खतरा कैसे</u> :-

- गलत जानकारी / Fake News → मनोवैज्ञानिक युद्ध ↑
- जासूसी गतिविधियों को सुविधाजनक बनाना
- सामाजिक ध्रुवीकरण और सामाजिक तनाव
  - <u>उदा</u>- मुर्शिदाबाद में हिंसा
- आतंकवाद का प्रचार
  - ↓
  - हिजबुल मुजाहिद्दीन कमांडर बुरहान वानी कश्मीर में सोशल मीडिया आधारित मनोवैज्ञानिक युद्ध का मुख्य सूत्रधार था
- विदेशी प्रभाव और हाइब्रिड युद्ध
  - उदा. - पंजाब Politic T.V.

साइबर सुरक्षा की मूल बातें

- डिजिटल थ्रेट रिपोर्ट - 2024
  → बैंकिंग, वित्तीय सेवाओं और बीमा क्षेत्र में साइबर हमलों और डेटा उल्लंघन लागत में वृद्धि (भारत में 2.18 M US डॉलर हो गई) (BFSI)
  → भारत में फिशिंग मामले 2023 की तुलना में 2024 में 17.5% बढ़ गए।
- I4C के अनुसार वित्तीय धोखाधड़ी GDP का 0.7% है।
- वैश्विक साइबर सुरक्षा आउटलुक 2025
  ↳ प्रमुख मुद्दे

1) महत्वपूर्ण बुनियादी ढाँचे की भेद्यता
   उदा:- समुद्री केबल, ऊर्जा 2024 USA जल उपयोगिता पर साइबर हमला
2) भू राजनीतिक तनाव → साइबर सुरक्षा रणनीति को प्रभावित
3) जैव सुरक्षा खतरे → जेनेटिक इंजिनियरिंग लैब पर अटैक
   उदा.- द: अफ्रीका तथा ब्रिटेन में
4) साइबर सुरक्षा कौशल अंतराल + क्षेत्रीय असमानताएँ
5) वित्तीय हानि - 12.5 B$ (2023)

- Cyber space "Fifth domain of warfare है।
- India 820M इंटरनेट यूजर → अब 900M होने वाले
  ↳ India थ्रेट लैंडस्केप रिपोर्ट 2023 :- 13.7% हमले विश्व के Top पर

- इंटरनेट क्राइम Report के अनुसार भारत विश्व में इंटरनेट अपराधों से पीड़ित शीर्ष 5 देशों में एक है
- लैंसेट अध्ययन - पिछले दशक में वैश्विक स्तर पर 12 में से एक बच्चे (8.3% लगभग) ने online यौन दुर्व्यवहार का अनुभव किया है।

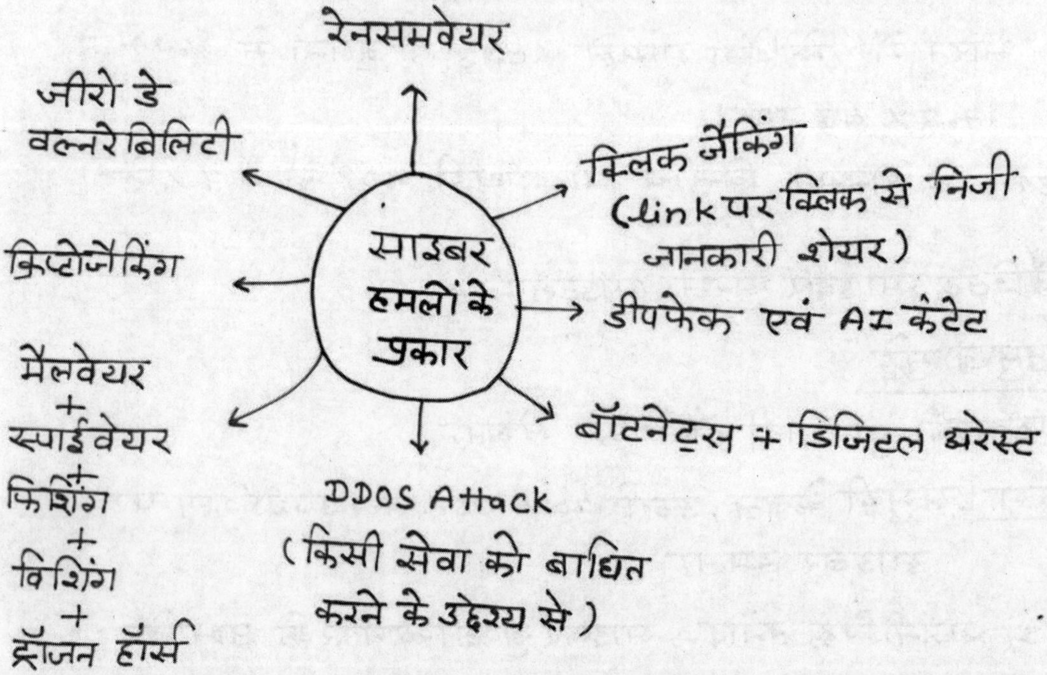

साइबर स्पेस :- डिजिटल जानकारी के वैश्विक रूप में एक दूसरे से जुड़े नेटवर्क के रूप में इसे वर्णित किया जाता है।

- जिसमें इंटरनेट, दूरसंचार नेटवर्क, कंप्यूटर सिस्टम, सूचनाएँ आदि जैसी संचार की आधारभूत संरचनाएँ होती हैं।

eg) कम्प्यूटर सिस्टम पर आधारित ऊर्जा संयंत्र, बैंकिंग व्यवस्था में प्रयुक्त कम्प्यूटर।

प्रमुख साइबर हमले : वानाक्राई, पेगासस spyware (पत्रकारों)

- जमतारा स्कैम • एयर इंडिया का डेटा (2022) • भारत बायोटेक पर अटैक • Zomato • AIIMS डाटा लीक
- मुंबई पावर ग्रिड 2020

Int. - सोलर विंड साइबर Attack USA पर
- स्टोन पांडा हैकर समूह, चीन

⇒ भारत के समक्ष प्रमुख साइबर खतरे (गृह मामलो की संसद की स्थायी समिति ने जिक्र किया)

- साइबर- सक्षम वित्तीय धोखाधड़ी
  ↳ फिशिंग + रैनसमवेयर + पहचान की चोरी + UPI और ऑनलाइन धोखाधड़ी ↑
  2024 में 1.91 M साइबर अपराध शिकायतें दर्ज
- रैनसमवेयर और मैलवेयर हमले
  ↳ अस्पताल, सरकारी डेटाबेस, महत्वपूर्ण निजी उद्यम target
  (eg) 2022 एम्स दिल्ली साइबर हमले
- महत्वपूर्ण अवसंरचना भेद्यता
  ↳ पावर ग्रिड, दूरसंचार नेटवर्क, परमाणु सुविधाएँ और बंदरगाह जैसी रणनीतिक परिसंपत्तियों को सामना
  (eg) परमाणु ऊर्जा संयंत्र कुडनकुलम (2019)

- डेटा उल्लंघन और गोपनीयता जोखिम

(eg) एयर इंडिया उल्लंघन (2021) - 4.5 M यात्रियों की जानकारी लीक

- डीपफेक और गलत सूचना
  - ↳ AI संचालित डीपफेक सामग्री + FAKE News + सूचनायुद्ध - लोकतांत्रिक संस्थानों और चुनावी अखंडता के लिए खतरा है।

(eg) → 2024 के चुनाव अभियान में राजनीतिक नेताओं के डीपफेक वीडियो

- डार्क वेब और साइबर आतंकवाद
  - ↳ कट्टरपंथ, अवैध हथियार / नशीले पदार्थों के व्यापार और क्रिप्टोकरेंसी के जरिए आतंकवाद वित्तपोषण

प्रमुख उभरते साइबर सुरक्षा खतरे

- AI संचालित फिशिंग और सोशल इंजीनियरिंग हमलों का परिष्कार

(eg) मार्क्स एंड स्पेंसर में उल्लंघन

- क्लाउड और API कमजोरियों का दोहन
- महत्वपूर्ण पारिस्थितिकी प्रणालियों को लक्ष्य करके आपूर्ति श्रृंखला हमलों में वृद्धि
  - ↳ उदा.- DDOS हमला (कावेरी 2.0 प्रोजेक्ट पर)
    - ↳ जब सुडानी हैकरों ने हवाई अड्डों और अस्पतालों की website को बंद कर दिया था।

- AI संचालित डीपफेक और चैटबॉट फिशिंग
- मोबाइल मेलवेयर
- महत्वपूर्ण क्षेत्रों में IOT कमजोरियाँ
- डिजिटल प्लेटफॉर्म के माध्यम से वित्तीय धोखाधड़ी में वृद्धि
- डिजिटल अरेस्ट

⇒ साइबर अपराध के कारण

- प्रभावी कानूनों का अभाव
  ↳ IT act 2000 में AI सक्षम हमलों और डीपफेक खतरों का प्रावधान नहीं
  ↳ डिजिटल व्यक्तिगत डाटा संरक्षण 2023 में भी प्रावधान नहीं
- डिजिटल जागरूकता की कमी
  डिजिटल असाक्षरता ≡ डिजिटल भेद्यता
- तकनीकी अपराधियों व कर्मचारियों की कमी
  नेसकॉम – कम से कम 10 लाख साइबर सुरक्षा पेशेवरों की आवश्यकता है।
- साइबर क्राइम का दायरा अधिक विस्तृत होना
- शिकायत प्रणाली का अभाव
- साइबर सुरक्षा शिक्षा का अभाव → उदा. – OTP फ्रॉड
- महत्वपूर्ण बुनियादी ढाँचे की कमजोर सुरक्षा
- ऐजेंसियों के बीच समन्वय का अभाव
- तेजी से डिजिटलीकरण और बढता इंटरनेट का दायरा
  ↳ UPI, डिजिटल इंडिया, e-कॉमर्स

उदा॰ - जमतारा (झारखंड) साइबर फ्रॉड हब

- कमजोर साइबर कानून और लागू करने की चुनौतियाँ

  उदा॰ - डीपफेक, क्रिप्टोकरेंसी crime पर कानून अस्पष्ट

  Law technology Gap बना हुआ है।

- डार्क वेब

  उदा॰ Silk Road market place

- आर्थिक लाभ और आसान मुनाफा

  उदा. - रेनसमवेयर अटैक - Bitcoin में पैसे की मांग

- वैश्वीकरण और सीमापार अपराधी

  उदा. चीन हैकर द्वारा मुंबई पावरग्रिड हमला 2020

- आंतरिक खतरे और भ्रष्टाचार

  उदा. - PNB स्कैम 2018

- कमजोर साइबर अवसंरचना तंत्र

  Weak अवसंरचना ≡ राष्ट्रीय सुरक्षा खतरे

- सोशल इंजिनियरिंग और Human factor

  ↳ अपराधी भावनाओं का फायदा (लालच, डर)

- राज्य प्रायोजित हमले (eg) रूस-युक्रेन वार में

⇒ <u>साइबर स्पेस की रक्षा करने में चुनौतियाँ</u>

- हमलावर को खोजना मुश्किल
- किसी भी प्रकार की भौगोलिक बाधाओं की अनुपस्थिति

Int. सहयोग की कमी

उदा. - भारत बुडापेस्ट कन्वेंशन का हिस्सा नहीं

- R&D में कमी
- अकुशल श्रम शक्ति
  - ↳ नैसकॉम → 10 लाख जरूरत
- सुरक्षा प्रणाली का कमजोर होना
- संक्रमित इलेक्ट्रॉनिक डिवाइसों का use
  - eg - USB → ईरान stuxnet मेलवेयर
- तेजी से बदलती तकनीक → AI, डीपफेक, क्वांटम कम्प्यूटिंग use
  - ↓ Technology outspace security
- कानून और नीतिगत खामियाँ
  - → IT act 2000 पुराना है
  - → नए साइबर अपराध (AI, क्रिप्टोजैकिंग) कवर नहीं
- सीमा पार अपराध
  - eg वानाक्राई रेनसमवेयर (150+ देशों में)
- साइबर आतंकवाद और राज्य प्रायोजित हमले
  - eg - चीन का APT-41
- तकनीकी आत्मनिर्भरता में कमी
  - ↳ विदेशी हार्डवेयर / Software पर निर्भर

आगे की राह

- सुदृढ कानूनी ढांचा
  - eg → IT act 2000 को अपडेट करना
    - data protection act 2023 को प्रभावी बनाना
  - → EU का GDPR (general data protection Regulation) विश्वस्तरीय मॉडल से सीखना
- राष्ट्रीय साइबर सुरक्षा नीति में बदलाव
  - → AI + Blockchain + IOT जैसे खतरों को cover करना
- क्रिटिकल अवसंरचना की सुरक्षा
  - → Multi layer security हो
- कुशल मानव संसाधन विकास → साइबर टैलेंट पूल
  - → Ethical hackers और साइबर सेना / डिजिटल सेना हो

उदा. केरल की साइबरडोम परियोजना
- Police और Ethical hacker का Collaboration
- PPP मॉडल
- उन्नत प्रौद्योगिकी
- जागरूकता कार्यक्रम
- सोशल मीडिया का उपयोग

eg → साइट्रेन पोर्टल (साइबर सुरक्षा का online पाठ्यक्रम)

- AI आधारित रक्षा प्रणाली
  - → फायरवॉल, नियमित सॉफ्टवेयर अपडेट और AI आधारित खतरा पहचान प्रणालियों के माध्यम से डिजिटल अवसंरचना को मजबूत करना
  - → जीरो-डे. अटैक की पहचान
- डाटा स्थानीयकरण और डिजिटल संप्रभुता
  - → BN श्रीकृष्णा समिति की सिफारिश

<u>उदा.</u> RBI ने सभी पेमेंट कंपनियों को डाटा भारत में store करने का आदेश दिया

- डिजिटल साक्षरता बढाना
  <u>उदा:</u>- साइबर सुरक्षित भारत अभियान
  - स्वचालित फोन चेतावनी → अमिताभ बच्चन-मोबाइल रिंग
  ↳ क्षेत्रीय भाषाओं में राष्ट्रव्यापी साइबर साक्षरता कार्यक्रम शुरू करना
- Block chain आधारित साइबर सुरक्षा समाधान
  ↳ आपूर्ति श्रृंखला और ई-गवर्नेंस को सुरक्षित बनाना
  ↳ विकेन्द्रीकृत सुरक्षा
- साइबर बीमा तंत्र → (USA और U.K. में)
- अन्तर्राष्ट्रीय सर्वोत्तम प्रथाओं को अपनाना
  <u>उदा:</u> - इजरायल का साइबर डोम मॉडल
- अन्तर्राष्ट्रीय सहयोग को बढावा (साइबर डिप्लोमेसी)
  ↳ UN, इंटरपोल, SCO
  <u>उदा</u> - NATO cooperative cyber defence centre
- Zero trust always verify मॉडल को अपनाना
  <u>उदा.</u> Zero ट्रस्ट आर्किटेक्चर (USA ने लागू किया)
- एकीकृत साइबर कमांड
  <u>उदा.</u> भारत का डिफेंस साइबर ऐजेंसी
- समुदाय आधारित साइबर सुरक्षा मॉडल
  \+
  व्यक्तिगत साइबर हाइजीन
  ↳ नुक्कड़ नाटक + गानों आदि का उपयोग

↳ साइबर अपराध स्वयंसेवक कार्यक्रम

↳ तेलंगाना का cyber volunteers

Govt. पहल / Int. पहल + कमेटी आदि

- राष्ट्रीय साइबर सुरक्षा नीति 2013
  - CERT-IN
  - राष्ट्रीय महत्वपूर्ण सूचना अवसंरचना केन्द्र की स्थापना
- IT act 2000, डिजिटल व्यक्तिगत डाटा संरक्षण एक्ट 2023
- दूरसंचार नियम 2024 • TRAI
- साइबर सुरक्षित भारत पहल
- I4C → साइबर खतरों, बाल अश्लीलता, online स्टॉकिंग जैसे इंटरनेट अपराधों से निपटता है।
- साइबर स्वच्छता केन्द्र
  ↳ सुरक्षित साइबर स्पेस बनाना।
- रक्षा साइबर ऐजेंसी
- राष्ट्रीय साइबर सुरक्षा समन्वय केन्द्र
- साइबर क्राइम पोर्टल
- CCTNS
- सूचना सुरक्षा शिक्षा एवं जागरूकता परियोजना (ISEA)
- BHARAT NCAX
  ↳ राष्ट्रीय साइबर सुरक्षा अभ्यास
- Mule hunter AI
  ↳ RBI (धोखाधड़ी की राशि का पता लगाने के लिए)
- bank.in डोमेन • संचार मित्र योजना

- e-zero FIR
- BNSS, BNS, BAA 2023 में

Int. प्रयास → साइबर सुरक्षा के लिए वैश्विक केन्द्र
→ ग्राउंड जीरो शिखर सम्मेलन

कमेटी – राजेश पंत कमेटी
↳ राष्ट्रीय साइबर सुरक्षा रणनीति की अवधारणा

- दूरसंचार विभाग द्वारा चक्षु एवं डिजिटल इंटेलीजेंस प्लेटफार्म

चक्षु → संचार साथी प्लेटफॉर्म पर एक उपकरण जो KYC समाप्ति या बैंक खाता अपडेट से संबंधित धोखाधड़ी कॉल, sms, whatsapp संदेशों की रिपोर्ट के लिए है।

डिजिटल इंटेलीजेंस प्लेटफार्म → साइबर धोखाधड़ी से निपटने के लिए वास्तविक समन्वय को सक्षम करने के लिए इंटेलीजेंस प्लेटफॉर्म

- नागरिक वित्तीय साइबर धोखाधड़ी रिपोर्टिंग और प्रबंधन प्रणाली।

⇒ Model / Example / case study

केरल (साइबरडोम)
↳ PPP मॉडल (Police + Ethical hackers + IT expert)

महाराष्ट्र (साइबर सेफ कैंपेन) → OTP / फिशिंग फ्रॉड
↳ पुलिस द्वारा स्कूल और कॉलेज स्तर पर जागरूकता फैलाने के साथ-साथ "साइबर सखी" नामक स्वयंसेवकों के

माध्यम से घर-घर जाकर लोगों को जागरूक करने का अभिनव प्रयोग किया।

- तेलंगाना (नागरिक साइबर स्वयंसेवक कार्यक्रम)
  समस्या → online उत्पीड़न + वित्तीय धोखाधड़ी
- इजरायल (साइबर डोम मॉडल)
  → AI + बिगडाटा + Threat intelligence का प्रयोग
  ≡ Real time monitaring
- सिंगापुर - स्मार्ट नेशन साइबर सिक्योरिटी strategy
  → "Bug bounty prog." → Ethical hackers को system test करने का मौका
- stux net warm (ईरान- 2010)
  → ईरान का न्यूक्लियर टारगेटेड साइबर वेपन से नष्ट हुआ
  → cyber warfare case study

International प्रयास

- Tallin manval / टालिन
  → साइबर वारफेयर पर अन्तर्राष्ट्रीय सिद्धान्त / framwork
- साइबरस्पेस में विश्वास और सुरक्षा के लिए पेरिस कॉल
- UN का खुला कार्यसमूह (OEWG)

- बुडापेस्ट कंवेंशन (भारत हिस्सा नहीं)

- **5C मॉडल**

5C ≡ साइबर सुरक्षा

- Coordination (CERT-IN + STATE CERT का तालमेल)
- Capicity (Skilled manpower और ethical हैकर नैसकॉम साइबर security task Force)
- Community (साइबर वॉलेंटियर-तेलंगाना)
- Compliance (मजबूत साइबर कानून, डाटा प्रोटे. एक्ट)
- cooperation (बुडापेस्ट, क्वाड साइबर ग्रुप)

- **4A मॉडल**

4A ≡ साइबर सुरक्षा

- जागरूकता (Awareness) → फिशिंग / फेकन्यूज / OTP etc.
- (संरचना) Architecture (zero trust network AI-driven सुरक्षा ढाँचा)
- कार्यवाही (Action) ↳ cyber drills + नियमित साइबर ऑडिट
- जवाबदेही (Accountability) (टेक कंपनियों + सरकारी एजेंसियों की)

- **3S मॉडल**

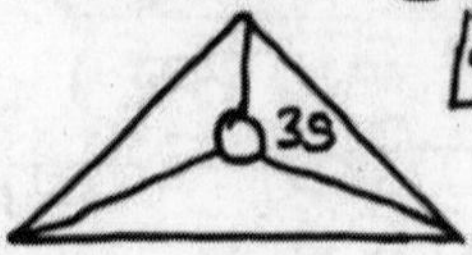

- Secure (सुरक्षा) → डेटा स्थानीयकरण नीति
  eg (RBI ने पेमेंट कंपनियों को डाटा भारत में रखने को कहा)
- SMART (AI + Blockchain का Use)
  eg सिंगापुर का Bug Bunty प्रोग्राम
- share (Govt. + private Partnership)
  ↓
  eg इजरायल का साइबरडोम

वैश्विक वित्तीय स्थिरता रिपोर्ट - 2024 (साइबर सुरक्षा एवं वित्तीय क्षेत्रक)

- कुल साइबर हमलों का लगभग 20% वित्तीय कंपनियों को झेलना पड़ता है। बैंक इन हमलों से सर्वाधिक प्रभावित होते हैं।
- केवल 47% ने राष्ट्रीय और वित्तीय क्षेत्रक केंद्रित साइबर सुरक्षा रणनीति

साइबर हमलों के कारण

- ↑ मजबूत आंतरिक नियंत्रण की कमी
- ← तेजी से डिजिटल परिवर्तन और तकनीकी नवाचार (रिमोट वर्क, फिनटेक कंपनियों का विकास)
- → त्वरित कार्यवाही और पता लगाने में कमी (म्यूल Accounts)
- ↓ वैश्विक - भू राजनीतिक तनाव में वृद्धि (रूस द्वारा युक्रेन द्वारा)

प्रभाव

↓

IMF (7-10% GDP LOSS)

- → साइबर रन (उस बैंक की कार्यप्रणाली पर विश्वास कम)
- → वित्तीय प्रणालियों में व्यवधान (उदा. स्टॉक्स की कीमतों में उतार-चढाव, डाटा लीक)
- → बाजार की स्थिरता पर (वित्त प्रणालियाँ एक दूसरे से जुड़ी)
- → सरकारी कामकाज बाधित

<u>चुनौतियाँ</u> - विनियामक फ्रेमवर्क्स और साइबर सुरक्षा कार्यबल की कमी।

- तकनीकी नवाचार (डिजिटल अरेस्ट, AI, ML) जोखिमों को बढा सकते हैं।
- समन्वय की कमी (RBI V/s SEBI)
- Online वित्तीय धोखाधड़ी से बचने के लिए समर्पित कानूनी ढाँचे का अभाव
- जागरूकता में कमी + अपराध किसी रिमोट लोकेशन से

<u>पहले</u> - सिटिजन फाइनेंशियल फ्रॉड एवं रिपोर्टिंग एंड मैनेजमेंट सिस्टम.
- वित्तीय आसूचना एकक भारत (FIU-IND)
- CERT-IN • चक्षु

4 धन शोधन और इसकी रोकथाम

धन शोधन और इसकी रोकथाम
(Money-laundering and its Prevention)

Q.1 - चर्चा कीजिए कि किस प्रकार उभरती प्रोद्योगिकियाँ और वैश्विकरण मनी लॉड्रिंग में योगदान करते हैं। राष्ट्रीय और अन्तर्राष्ट्रीय दोनों स्तरों पर मनी लॉड्रिंग की समस्या से निपटने के लिए किए जाने वाले उपायों को विस्तार से समझाइए।

(UPSC main 2021, 10 अंक)

Q.2 अवैध धन स्थानांतरण देश की आर्थिक संप्रभुता के लिए एक गंभीर सुरक्षा जोखिम होता है। भारत के लिए इसका क्या महत्व है? और इस खतरे से बचने के लिए क्या कदम उठाए जाने चाहिए

(UPSC - 2013)

मनी लॉड्रिंग :- इसका अर्थ है अवैध रूप से अर्जित आय को छिपाना या बदलना है ताकि वे वैद्य स्त्रोतों से प्राप्त दिखाई दे। (काले धन को सफेद धन में बदलने की प्रक्रिया)

- इसमें अवैध रूप से हथियारों की खरीद फरोख्त, तस्करी मादक पदार्थों की बिक्री, डकैती, जबरन वसूली आदि जैसे गंभीर अपराध शामिल हैं।

धन शोधन क्यों ?

- भ्रष्टाचार
- करअपवंचन
- संगठित अपराध
- हथियारों की अवैध बिक्री
- दुर्व्यापार
- मानव तस्करी

→ अवैध धन सृजन

धन शोधन की प्रक्रिया

- Placement (नियोजन) ⇒ नकद राशि - वित्तीय संस्थानों, बैंको में ट्रांसफर छोटी- छोटी राशियों में अलग-2 खातों में
- Layering (परतीकरण) ⇒ इधर-उधर घुमाना पैसे को (असली स्त्रोत का पता ना लगे)
  - → कई विदेशी बैंको के मध्य ट्रांसफर
  - → विभिन्न देशों में online ट्रांसफर
  - → महँगे उत्पाद खरीद- निर्यात
- Integration (एकीकरण) ⇒ अब पैसे को वैध काम में लगाना (Business investment shell companies)

⇓

clean money

रांउड ट्रिपलिंग ⇒ पुन: मूल देश में सफेद धन के रूप में

IMF :- वैश्विक money लॉड्रिंग का अनुमान वैश्विक GDP के 2-5 % के बीच है
↳ विश्व का तीसरा बड़ा उद्योग है

तरीके :- राउंड ट्रिपिंग → भारत से काला धन Tax heaven देशों में भेजा जाता है, फिर उस धन को विदेशी निवेश के रूप में भारत वापस भेजती है।
Eg → सिंगापुर, मॉरिशस

- P-NOTES
- हवाला → वस्तुत: धन और संपत्ति को पारंपरिक बैंकिंग प्रणाली का उपयोग किए बिना अंतरित करने का तंत्र है।
- डार्कनेट और क्रिप्टोकरेंसी, साइबर अपराध
- स्मर्फिंग - नकदी को छोटे-छोटे जमाराशियों में तोड़ा जाता है।
- शैल कंपनी
- अन्य देशों के बैंकों में पैसे जमा करना
- रियल स्टेट में, बीमा क्षेत्र, कैसीनो -उ: अमेरिका

प्रभाव → सामाजिक, आर्थिक, राजनीतिक, सुरक्षा, वैश्विक

- राष्ट्रीय सुरक्षा को खतरा

↳ संगठित अपराध, तस्करी, आतंकवादी गतिविधियों का आपसी संबंध

- राजनीतिक प्रभाव :- सरकार की विकास संबंधी योजनाएँ प्रभावित

→ लोकतांत्रिक संस्थाओं का कमजोर होना
→ पैसों का दूसरे देश में जाना
→ राजस्व सृजन नहीं
→ Tax चोरी
→ कर संग्रहण में कमी के कारण

- आर्थिक प्रभाव → समांतर अर्थव्यवस्था का निर्माण फलस्वरूप GDP की वास्तविक गणना नहीं हो पाती

→ विनिमय दरों और ब्याज दरों में अस्थिरता उत्पन्न होना
→ विदेशी निवेश को हतोत्साहित (FATF की ग्रे लिस्ट ब्लैक लिस्ट)
→ निर्धनता ↑
→ कृत्रिम मुद्रास्फीति, व्यवसाय की लागत ↑
→ कर एकत्रण ↓, राजस्व सृजन ↓
→ अवैध व्यापार

- सामाजिक प्रभाव → आय असमानता ↑
  - → मादक पदार्थों की लत
  - → भ्रष्टाचार, अपराधियों का आर्थिक सशक्तिकरण
  - → नैतिकता और आचार संबंधी मानकों की क्षति जिससे सामाजिक संस्थान कमजोर होते हैं।
  - → मानव तस्करी, महिला हिंसा ↑

चुनौतियाँ :- हवाला नेटवर्क की गुप्त प्रकृति

- क्रिप्टो करेंसी और डार्कनेट ट्रेक करना मुश्किल
- अन्तर्राष्ट्रीय जुड़ाव + अन्य देशों में वित्तीय गोपनीयता का प्रावधान
- कानूनी खामियाँ + शेल कंपनियाँ
- अलग-अलग देशों में अलग-अलग नियम
- Tax heaven देश (गोपनीयता)
- एजेंसियों के बीच समन्वय की कमी → ED/CBI/IT dept.
- जागरूकता की कमी (हवाला)
- अन्तर्राष्ट्रीय सामूहिक सहयोग का अभाव
- तस्करी संबंधी गतिविधियों में वृद्धि
- धन के प्रवाह को ट्रेक करना + KYC मानको का प्रभावी क्रियान्वयन नहीं
- कानूनों की जटिलता

आगे की राह :- AI और बिगडाटा एनालिसिस का प्रयोग बैंकिंग क्षेत्र में
↳ Blockchain based मॉनिटरिंग हो

- क्रिप्टो पर ग्लोबल रेगुलेशन → FATF की सिफारिशें
- क्षमता निर्माण
  ↳ ED/FIU-IND
- कानूनी प्रवर्तन बेहतर
  (eg) FEMA, PMLA
- बैंको के Compliance स्टॉफ की ट्रेनिंग
- संस्थागत तंत्र को मजबूत करना
  ↳ ED+FIU को जवाबदेह बनाना
  ↳ बेहतर समन्वय को
- पारदर्शिता मानक
  → राजनीतिक फंड में पारदर्शिता (चुनावी बोंड रद्द)
  → शैल कंपनियों की पहचान
  → KYC Norms को और मजबूत करना
- अन्तर्राष्ट्रीय सहयोग
  → टैक्स हेवन देशों के साथ सूचना साझा करना (मॉरिशस
  → G-20, FATF, इंटरपोल के साथ पार्टनरशिप
- जनजागरुकता और सिविल सोसाइटी की भूमिका
  → Black मनी free India अभियान ऐसा कुछ हो
  → RTI + Media + Whistleblowers की सुरक्षा
- special फास्ट ट्रेक + दोषसिद्धि दर ↑

⇒ क्रिप्टोकरेंसी और धन शोधन
- ↳ वर्तमान में प्रसिद्ध तरीका
- ↳ ट्रेक कर पाना
- ↳ मादक पदार्थों की तस्करी में
- ↳ डार्कनेट

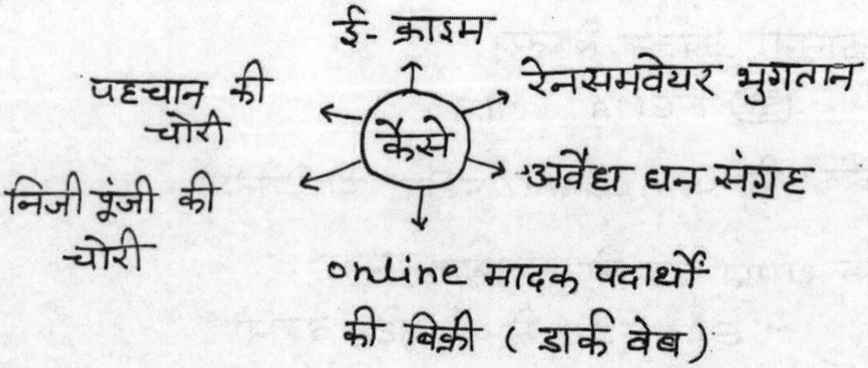

- मिक्सर, टंबलर, फागर्स, लॉन्ड्री- धनशोधन विधियाँ

⇒ अवैध वन्यजीवन व्यापार और धन शोधन विधियाँ

FATF → जुनोटिक रोग का कारण बन सकते हैं
- Int. संगठित अपराध
- जैव विविधता खतरा
- भ्रष्टाचार

eg) भारत में पैंगोलिन, गैंडो के सींग

⇒ भारत में धन शोधन के बढते मामलों के प्रमुख कारण

1) कानूनी और प्रवर्तन संबंधी कमियाँ
- ↳ अभियोजन में देरी दोषसिद्धि की दर कम

2) जटिल तकनीके - डिजिटल करेंसी / क्रिप्टो करेंसी / फिनटेक
↳ सीमापार तंत्र का उपयोग पता लगाना कठिन

3) अनौपचारिक क्षेत्र में उच्च उपस्थिति और रियल स्टेट, आभूषण, विलासिता के सामान

4) कमजोर वैश्विक सहयोग
↳ सीमित सूचना साझाकरण के कारण जाँच में बाधा
↳ 85+ देशों से DTAA पर sign

Govt. पहले / Int. पहले समाधान के लिए

• धन शोधन निवारण एक्ट 2002 (PMLA)
→ व्यापक विधि
→ यह बैंको, वित्तीय संस्थानों आदि को ग्राहकों की पहचान व रिकॉर्ड बनाए रखने का दायित्व प्रदान करता हैं।
→ संपत्ति की कुर्की व जब्ती से संबंधित मामलों को निपटाने का प्रयास

2019 संशोधन - ED को सशक्त बनाना
→ अपराध की आय की परिभाषा को विस्तारित करना
→ धन शोधन के अपराध को स्वतंत्र अपराध के रूप में वर्गीकृत करना
→ अपराधी बिना वारंट के गिरफ्तार

2023 संशोधन - गैर- सरकारी संगठनों के लिए प्रकटीकरण दायित्वों का विस्तार किया।

- वित्तीय आसूचना इकाई
- ED
- FEMA, FCRA
- RBI KYC दिशा निर्देश जारी करना
- प्रोजेक्ट "क्लीन मनी" → आयकर विभाग का

उद्देश्य → उच्च मूल्य वाले नकद लेन-देन की निगरानी करना
→ डेटा एनालिटिक्स का उपयोग + ई सत्यापन

विश्व स्तर पर –

- FATF
- धन शोधन के विरुद्ध संयुक्त राष्ट्र का वैश्विक कार्यक्रम (GPML)
- 15% min कॉर्पोरेट Tax
- विदेशी पूंजी के प्रवाह पर टोबिन Tax
- No money for terror कान्फ्रेंस
- इंटरपोल
- सरकार द्वारा विभिन्न देशों के साथ दोहरा कराधान समझौता (DTAA) : 85+ देशों के साथ
- भ्रष्टाचार के खिलाफ संयुक्त राष्ट्र सम्मेलन 2023
- अन्तर्राष्ट्रीय संगठित अपराध के विरुद्ध UN summit 2000
- Egmont group → FIU का अन्तर्राष्ट्रीय ग्रुप

Example - पेंडोरा पेपर लीक / पनामा पेपर्स

- भारत के कई अपराधी टैक्स हैवन देशों में भाग गए
  ↳ नीरव मोदी, विजय माल्या

- PNB SCAM 2018
- केरल गोल्ड स्मगलिंग 2020
- सत्यम स्कैम 2009

5 सीमावर्ती क्षेत्रों में सुरक्षा चुनौतियां और उनका प्रबंधन - संगठित अपराध और आतंकवाद का संबंध

Q.1 भारत में समुद्री व्यापार की सुरक्षा के लिए समुद्री सुरक्षा क्यों महत्वपूर्ण है? समुद्री और तटीय सुरक्षा चुनौतियों और आगे के उपायों पर चर्चा कीजिए।

(UPSC-main 2025, 15 marks)

Q.2 समझाइए कि नार्को-आतंकवाद सम्पूर्ण देश में किस प्रकार एक गंभीर खतरे के रूप में उभरकर आया है। नार्को आतंकवाद से निपटने के लिए समुचित उपायों पर सुझाव दीजिए। (UPSC.main 2024, 10 marks)

Q.3 सीमा पार से शत्रुओं द्वारा हथियार/गोला बारूद, ड्रग्स आदि मानव रहित (UAV) की मदद से पहुँचाया जाना हमारी सुरक्षा के लिए गंभीर खतरा है। इस खतरे से निपटने के लिए किए जा रहे उपायों पर टिप्पणी कीजिए।

(UPSC main 2023, 10 marks)

Q.4 भारत में समुद्री सुरक्षा चुनौतियाँ क्या हैं? समुद्री सुरक्षा में सुधार के लिए उठाए गए संगठनात्मक, तकनीकी और प्रक्रियात्मक कदमों पर चर्चा कीजिए।

(UPSC main 2022, 10 marks)

Q.5 प्रभावी सीमाक्षेत्र प्रबंधन के लिए उग्रवादियों को स्थानीय समर्थन से वंचित करने के लिए आवश्यक कदमों पर चर्चा कीजिए तथा स्थानीय लोगों के बीच अनुकूल धारणा को प्रबंधित करने के तरीके भी सुझाइए।

(UPSC main 2020, 10 marks)

Q. 6 म्यान्मार, बांग्लादेश और पाकिस्तान की सीमाओं पर नियंत्रण रेखा (LOC) सहित आंतरिक सुरक्षा खतरों और सीमा पार अपराधों का विश्लेषण कीजिए। इस संबंध में विभिन्न सुरक्षा बलों की भूमिका पर चर्चा कीजिए।

⇒ सीमावर्ती क्षेत्रों में सुरक्षा चुनौतियां एवं उनका प्रबंधन

- भूमि सीमाएँ
- समुद्री सीमाएँ
- हवाई क्षेत्र (space war)

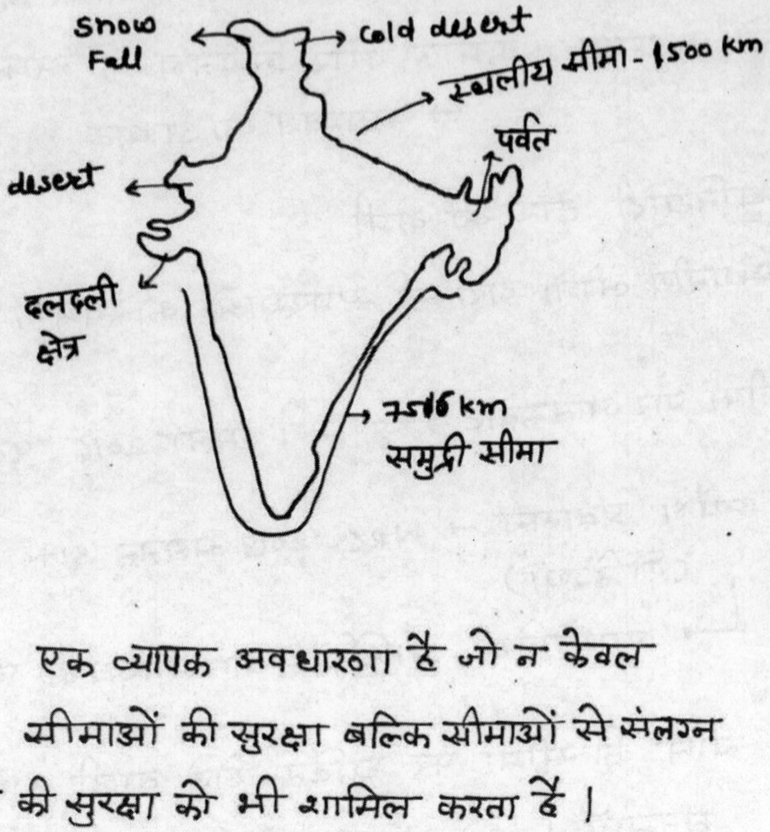

सीमा प्रबंधन – एक व्यापक अवधारणा है जो न केवल सीमाओं की सुरक्षा बल्कि सीमाओं से संलग्न देशों के हितों की सुरक्षा को भी शामिल करता है।

सीमा प्रबंधन विभाग – गृह मंत्रालय

- अन्तर्राष्ट्रीय भूमि एवं तटीय सीमाओं का प्रबंधन
- सीमा पुलिस व्यवस्था और निगरानी
- सड़क, बाड़ प्रकाश की सुविधा
- सीमावर्ती क्षेत्र विकास कार्यक्रम

सीमा प्रबंधन को प्रभावित करने वाली कुछ समस्याएँ / मुद्दे

- कई स्थानों पर समुद्री और स्थलीय सीमाओं का उचित सीमांकन न होने के कारण संघर्ष की स्थिति उत्पन्न होती है।
- कठिन भूभाग वाली सीमाएँ → रेगिस्तान, पहाड़ी क्षेत्र, दलदली क्षेत्र, जंगल
  → घुसपैठ के लिए सुगम
- समान सीमाओं पर अलग-अलग सैन्य बलों की उपलब्धता से समन्वय, कमांड और नियंत्रण की समस्या उत्पन्न होती है।
  → समन्वय का अभाव
- बुनियादी ढाँचे की कमी
- स्थानीय लोगों द्वारा कई समस्याओं का सामना (आतंकवाद रोधी घटनाएं)
- सीमा पार आतंकवाद → eg. उरी हमला 2016, पुलवामा 2019
- अवैध प्रवासन (रोहिंग्या) → NRC- 2019 अद्यतन 3.1 M बांग्लादेशी
  → सामाजिक - आर्थिक - जनसांख्यिकी परिवर्तन
- चीन की सीमा पर घटित होने वाली अतिक्रमण की छिटपुट घटनाएँ। eg. गलवान वैली
- उत्तरी - पूर्वी पडोसी देशों में विद्रोहियों के लिए सीमा पर सुरक्षित आश्रय।
  eg. बांग्लादेश व म्यान्मार द्वारा

- हथियारों और विस्फोटकों मादक द्रव्यों तथा जाली मुद्रा की तस्करी। (गोल्डन ट्रायंगल, गोल्डन क्रेसेंट)

- तस्करी, समुद्री एवं तटीय सुरक्षा के उल्लंघन के मामलों में वृद्धि। उदा. - 2008 मुंबई अटैक

- सीमाओं की छिद्रपूर्णता + विवादित अन्तर्राष्ट्रीय सीमाएँ + जातीय संघर्ष और अलगाववादी आंदोलन + सीमावर्ती क्षेत्रों में अत्यधिक जनसंख्या + खुफिया ऐजेंसियों में समन्वय की कमी।

- शत्रुतापूर्ण पडोसी + तकनीकी जटिलता + राजनीतिक अस्थिरता
(Pak, म्यान्मार, नेपाल, बांग्लादेश)

⇒ **भारत के लिए उन्नत सीमा प्रबंधन क्यों महत्वपूर्ण है ?**

- सीमा पार आतंकवाद : (लश्कर-ए-तैयबा, जैश-ए-मोहम्मद)
  - → 2016 उरी हमला, 2019 पुलवामा
  - → को रोकने या खत्म करने के लिए

- तस्करी हथियारों और नशीले पदार्थों के व्यापार से निपटने के लिए (Ex) पंजाब - नार्को आतंकवाद (2025 में ड्रग कार्टेल पकड़े)
  - J&K

- हवाला नेटवर्क + नकली मुद्रा की आवाजाही को रोकने के लिए।

- सीमावर्ती क्षेत्रों में विकास को सुगम बनाना।
  उदा.- पीएम डिवाइन
  - वाइब्रेंट विलेज कार्यक्रम
- राष्ट्रीय सम्प्रभुता और सामरिक निवारण को मजबूत करना
- अवैध प्रवासी रोकना + क्षेत्र में स्थिरता को बढावा देना

सीमा प्रबंधन/प्रभावी रणनीति/आगे की राह

- प्रौद्योगिकी उन्नयन। एकीकरण पर ध्यान देना
  उदा. GSAT-7 (रुक्मिणी), कार्टोसेट, नाविक, ड्रोन, AI
  उदा. प्रोजेक्ट हिमशक्ति (AI डेटा और एनालिटिक्स का Use)
- पड़ोसी देशों के साथ आर्थिक एवं सांस्कृतिक समझौतों को बढावा। उदा. करतारपुर साहिब कोरिडोर
  → ट्रेक-II डिप्लोमेसी को ↑ (सहयोग, विश्वसनीयता)
- भौतिक अवसंरचनाओं में निवेश
  eg. सीमा क्षेत्र विकास कार्यक्रम
  eg. प्रोजेक्ट वर्तक (अरूणाचल में वाहन योग्य सड़क निर्माण)
- वन मंजूरी
  eg. वन संरक्षण एक्ट 2023 → यह भारत की अन्तर्राष्ट्रीय सीमाओं के 100 km के भीतर स्थित सुरक्षा संबंधी परियोजना के लिए वन भूमि के परिवर्तन की अनुमति देता है।

- अंतर-ऐजेंसी सहयोग को बढावा
  ↳ BSF + ITBP + SSB + RAW + IB आदि
- यात्रियों की जानकारी प्रदान करना + रक्षा बलों का आधुनिकीकरण
- सीमाओं का वैज्ञानिक प्रबंधन
  उदा.- मधुकर गुप्ता एवं J.P. भटनागर कमेटी सिफारिशें
  ↳ एकीकृत चेकपोस्ट + स्मार्ट फेंसिंग + बार्डर सर्विलांस डिवाइस + ड्रोन + Night vision + ब्लॉकचेन तकनीकी।
- स्थानीय समुदायों का सहयोग एवं खुफिया जानकारी के लिए शामिल करना (समुदाय आधारित सीमा प्रबंधन)
  उदा.→ ग्राम-रक्षा गार्ड। ग्राम रक्षा समितियाँ
- जागरूकता को बढावा देना + विकास एवं समावेशन पहल
  (eg) Act east Policy, PM डिवाइन

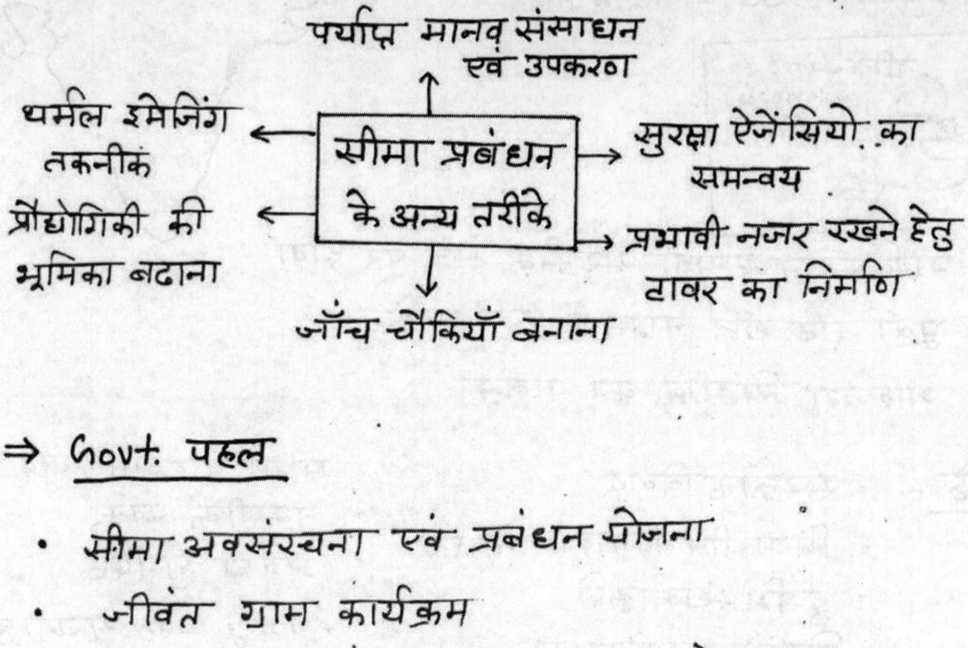

⇒ Govt. पहल

- सीमा अवसंरचना एवं प्रबंधन योजना
- जीवंत ग्राम कार्यक्रम
- भारतमाला, प्रोजेक्ट हिमांक, i Dex योजना

- वन संरक्षण एक्ट 2023
- तटीय सुरक्षा योजना, सागर और महासागर पहल
- व्यापक एकीकृत सीमा प्रबंधन प्रणाली (सेंसर, डिटेक्टर लेजर, रडार etc.
- BADP
- BOLD-QIT → Smart Fancing Project (India-बांग्लादेश)
- ऑपरेशन सद्भावना (J&k में)
- Act east policy + PM-DeviNE
- JP भटनागर + मधुकर गुप्ता + शेतकर कमेटी

भारत पाक सीमा प्रबंधन

- 3323 km
- रेडक्लिफ लाइन
- LOC
- एक्चुअल ग्राउंड पोजीशन लाइन

↳ पाकिस्तान सम्पूर्ण सरक्रीक क्षेत्र पर दावा

↳ पूर्वी तट ग्रीन लाइन से परिभाषित

↳ थालवेग सिद्धान्त का पालन

<u>मुद्दे</u> –
- सरक्रीक विवाद
- सियाचीन विवाद (OP. मेघदूत)
- दुर्गम स्थलाकृति
- गिलगित-बाल्टिस्तान
- सीमा पार आतंकवाद
- तकनीकी खतरे
- अवैध घुसपैठ
- Proxy war/सूचना युद्ध हाइब्रिड युद्ध

- नदी विवाद उदा- सिंधु जल संधि, किशनगंगा जल विद्युत संयंत्र
- संगठित अपराध ↑ → हवाला नेटवर्क + धन शोधन
  + नकली भारतीय मुद्रा

सीमा सुरक्षा उपाय
↓ फ्लडलाइटिंग
↓ सीमा बाड़बंदी
↓ समग्र एकीकृत सीमा प्रबंधन प्रणाली
↓ तकनीकी समाधान

- मधुकर गुप्ता समिति - भारत-पाक सीमा प्रबंधन के लिए
- एयर स्ट्राइक, ऑपरेशन सिंदूर

भारत - चीन

⇒ भारत-चीन
- सीमा - 3500 km (मैकमोहन लाइन)
- ITBP रक्षा बल

चुनौतियाँ - सीमा विवाद व चीन का साम्राज्यवादी नजरिया

उदा → प. क्षेत्र - अक्साई चीन
पूर्वी क्षेत्र - अरूणाचल प्रदेश
चीन की फाइव फिंगर्स Policy

- चीन - पाकिस्तान आर्थिक गलियारा (CPEC)
- लद्दाख व उत्तरी सिक्किम में हालिया सीमा संघर्ष
  ↳ पेंगोग त्सो झील
  ↳ गलवान नदी घाटी संघर्ष
- डोकलाम विवाद (भुटान - भारत - चीन)
  ↳ सिलीगुड़ी कॉरीडोर के नजदीक

** हालिया विवाद
↳ LAC पर भारत द्वारा आधारभूत ढाँचे का निर्माण
↳ J&K का पुनर्गठन
↳ क्वाड़ का गठन etc.

- चीन की सलामी स्लाइसिंग रणनीति
- जल बंटवारे मुद्दे (ब्रह्मपुत्र पर DAM)
- ग्रे जोन युद्ध
- तस्करी : चीनी इलेक्ट्रॉनिक्स + अन्य उपभोक्ता वस्तुओं की बड़े पैमाने पर तस्करी

→ भारत-चीन प्रभावी सीमा प्रबंधन हेतु उठाए गए कदम –
- सीमा वार्ता 1962 युद्ध के बाद शुरू
- सीमा विवाद निपटान तंत्र > 1993 से LAC पर शांति व संघर्ष विराम समझौता
- 2013 सीमावर्ती रक्षा सहयोग समझौता
- भारत-चीन सीमा पर सड़कों का निर्माण
- सीमा प्रबंधन एवं निगरानी - आधुनिक तकनीक प्रयोग जैसे- भारत-स्पाई कैम प्रोजेक्ट, स्मार्ट फेंसिंग
- डेमचोक एवं डेपसांग के मैदानों से हाल में सेना हटाना।

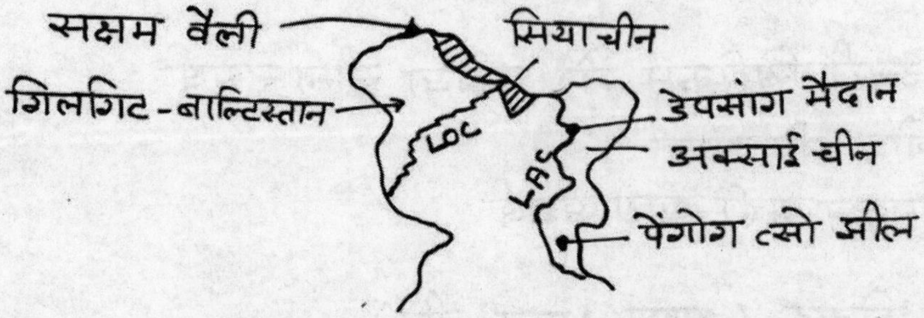

भारत - बांग्लादेश

- चुनौतियाँ
  - 4096 km सीमा
  - अवैध (1971) प्रवासी
  - नदी विवाद व नदी सीमा
    - तिपाईमुख प्रोजेक्ट
    - तीस्ता नदी
    - फेनी
  - सीमा पर बाड़ लगाने की समस्या
  - बढ़ता कट्टरपंथ
  - रोहिंग्या संकट
  - राजनीतिक अस्थिरता + संगठित अपराध
  - तस्करी (मवेशी, हथियार, मानव, ड्रग्स, नमक)
  - पूर्वोत्तर उग्रवादी समूहों का आधार (उल्फा, नागा)

• उपाय :- BSF की तैनाती • समग्र बाड़ कवरेज

• BOP, एकीकृत चेक पोस्ट का निर्माण

• फ्लड लाइटिंग + स्मार्ट फेंसिंग की व्यवस्था

• BOLD - क्युआरी प्रोजेक्ट

• बोर्डर सर्विलांस Device use

भारत - म्यान्मार

- चुनौतियाँ
  - मुक्त आवागमन व्यवस्था का दुरुपयोग (FMR)
  - कठिन भूभाग और घने जंगल की उपस्थिति
  - अवैध प्रवासी
  - उग्रवाद और अंतरजातीय संघर्ष की समस्या
  - कोई बाड़ नहीं
  - तस्करी + संगठित अपराध (महिला व बच्चे)
  - स्वर्णिम त्रिभुज के निकट
  - खराब बुनियादी सुविधाएँ (मोरेह, etc)
  - कमजोर निगरानी
  - सैन्य शासन
  - उग्रवादियों को म्यान्मार में सुरक्षित आश्रय

समाधान - असम राइफल की तैनाती
- ऑपरेशन हॉट परस्युट (नागा विद्रोही)
- ऑपरेशन सनराइज
- सीमा चौकी + स्मार्ट फेंसिंग
- सीमा पर संयुक्त कार्यबल
- मुक्त आवागमन व्यवस्था पर पुनः विचार हेतु पैनल

भारत - नेपाल

मुद्दे
- खुली सीमा → आतंकवादी, अपराधिक संगठन नक्सलवादी
- अपराधियों को आसानी से बाहर निकालना
- भूमि अधिकृत
- माओवादी विद्रोह
- तस्करी
- नया राजनीतिक मानचित्र जारी (कालापानी लिम्पियाधुरा लिपुलेख)
- राजनीतिक अस्थिरता (gen z movement)

भारत - भूटान

भारत-भूटान → पर्वतपाद द्वारा परिभाषित सीमा

↳ 2007 मैत्री संधि : भूटान के हितों की जिम्मेदारी भारत सरकार की

मुद्दे
- खुली सीमा व्यवस्था
- डोकलाम विवाद
- उग्रवाद → बोडो, उल्फा — शरण
- (ब) गोरखालैंड मूवमेंट
- तस्करी (चीन द्वारा निर्मित वस्तुएं, शराब, भांग etc)
- पर्यावरण संबंधी चिंताएँ
- उत्तर-पूर्वी क्षेत्र के विद्रोहियों के घुसने का स्थान

समुद्री सुरक्षा

- 7516 km लंबी सीमा
- 80% विदेशी व्यापार
- 90% ऊर्जा व्यापार
- नीली अर्थव्यवस्था का GDP में योगदान 4%

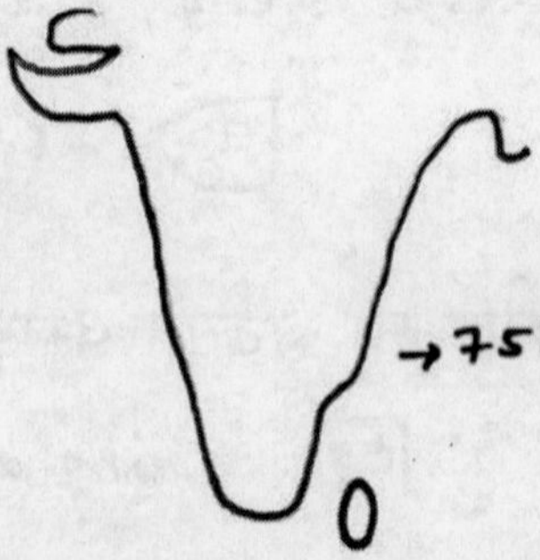

- 12 प्रमुख पत्तन 200 minor ports
- World's 7th largest fishing nation (4M मछुआरे)

जरूरी क्यों ?

- भारत के विदेशी व्यापार का 90% हिस्सा समुद्री मार्ग से
- लंबी समुद्री सीमा 7516 km
- समुद्री मार्गों से तस्करी करना
  उदा.→ गुजरात का केस
- समुद्री द्वीपों के निर्जन स्थानों पर हथियार व गोला बारूद रखना।
- ऐसे स्थानों का उपयोग देश में घुसपैठ करना एवं यहाँ से भागना है।
- अपतटीय समुद्री द्वीपों का उपयोग आपराधिक गतिविधियों के लिए करना।
- तटों के पास महत्वपूर्ण व रक्षा संबंधी अवसंरचनाओं के मौजूद होने से भी गतिविधियों में बढोतरी होने की संभावना

- पाकिस्तान की ओर से सीमा पार आतंकी गतिविधियों, सैन्य संघर्ष, अवैध घुसपैठ जैसी गतिविधियाँ।

  eg) 26/11 Attack

- चीन का बढ़ता आक्रामक रवैया

  eg) String of pearls, BRI, ऋणजाल कूटनीति

- वैश्विक शक्तियों की नजर → हिन्द महासागर का बढ़ता महत्व – प्राकृतिक संसाधन + व्यापार क्षेत्र + ऊर्जा सुरक्षा + पर्यावरण + भू राजनीतिक + सांस्कृतिक एवं ऐतिहासिक

- नीली अर्थव्यवस्था
- जलवायु परिवर्तन
- समुद्री डकैत → सोमालिया लुटेरे + हूती समूह हमले

⇒ **समुद्री सुरक्षा चुनौतियाँ / मुद्दे**

- स्थलाकृति एवं अवस्थिति

  उदा.- सरक्रीक क्षेत्र में हरामी नाला से अवैध घुसपैठ

  उदा. - 26/11 Attack समुद्री आतंकवाद

- समुद्री डकैती → सोमालिया डकैत
- अवैध तस्करी + संगठित अपराध

eg) - सुंदरवन डेल्टा क्षेत्र, पाक जलसंधि से

- मत्स्यपालन के अवैध तरीके
- सीमा विवाद

  eg) सरक्रीक विवाद, कच्चातीवु द्वीप विवाद

- प्राकृतिक आपदा + जलवायु परिवर्तन

  Eg → चक्रवात अम्फान, 2004 की सुनामी

- खराब प्रशिक्षण + अपर्याप्त बुनियादी ढाँचा
  (नाव, हथियार, जहाज)

- एजेंसियो के बीच समन्वय की कमी

- अंतरराष्ट्रीय संगठित अपराध + पर्यावरणीय आपदा
  + अवैध प्रवासन

- अन्तर्राष्ट्रीय कानूनों को सम्मान न देना + चीन की आक्रामक नीति

आगे की राह | समाधान -

- समुद्री निगरानी
  ↳ सैटेलाइट + AI आधारित निगरानी + ड्रोन
  + ISRO से लिंक

- तकनीकी निगरानी व एकीकरण

  Eg → NC3I, प्रोजेक्ट Sea बर्ड, तटीय रडार

- तटीय सुरक्षा नेटवर्क को मजबूत करना

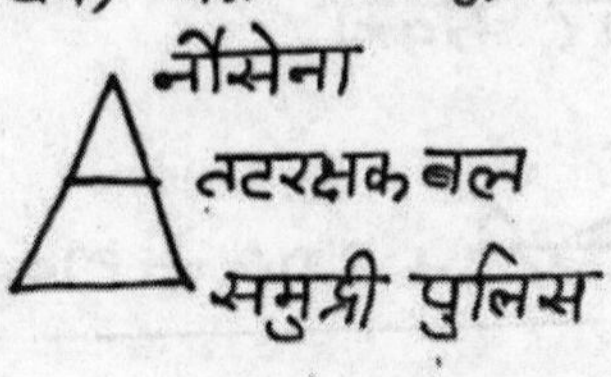

- सामुदायिक सहयोग
  ↳ मछुआरों + स्थानीय समुदायों को शामिल करना

- क्षमता निर्माण + प्रशिक्षण कार्य + जागरूकता बढाना

- कानूनी सुधार करना तटीय सुरक्षा से संबंधित
- क्षेत्रीय सहयोग को बढ़ावा देना
  ↳ SAARC, आसियान, बिम्सटेक, क्वाड
- समुद्री क्षेत्रों के क्रिटिकल अवसंरचना क्षेत्रों पर साइबर सुरक्षा को मजबूत करना।
  - eg ports, परमाणु ऊर्जा संयंत्र आदि
  - ↳ Computer emergency Response Team-मरीन CERT-M का गठन
- नीली अर्थव्यवस्था को सुरक्षा से लिंक करना
  ↳ सागरमाला + तटीय सुरक्षा ≡ एकीकरण
- मछुआरों के बायोमेट्रिक एवं GPS ट्रैकिंग सिस्टम
  ↳ गुजरात, तमिलनाडु में भी सफल
- समुद्री विवादों एवं सीमा विवादों को सुलझाना
- अन्तर्राष्ट्रीय कानूनों एवं नियमों का सम्मान करना।
- संयुक्त अभ्यास आयोजित करना
  eg ऑपरेशन सागर कवच

Govt. / Int. पहल + कमेटी + SDG + Model

- भारतीय राष्ट्रीय महासागर सूचना सेवा केन्द्र
- तटीय सुरक्षा योजना • N3CI
- SAGAR : security and growth for all in the region

- GSAT-7, नाविक
- प्रोजेक्ट सागरमाला, INS विक्रांत, प्रोजेक्ट मौसम
- IFC-IOR की स्थापना
  - → सूचना संलयन केन्द्र
- नेकलेस ऑफ डायमण्ड
- SDG-14 + ब्लू इकॉनोमी
- UNCLOS Int. समझौता
  - → कानूनी ढांचा समुद्री कानून के लिए
- क्वाड, BIMSTEC + LEMOA + कोलंबो सुरक्षा सम्मेलन
- Djbouti code of conduct
  - → समुद्री डकैती और सशस्त्र डकैती
- भारत की India-Pacific oceans initiative
- संयुक्त समुद्री बल
- मत्स्य-6000, डीप ओशन मिशन
- हिंद महासागर रिम ऐसोसिएशन • CDRI
- 5 सूत्री ऐजेंडा UN सुरक्षा परिषद् द्वारा
  - → बाधा रहित व्यापार
  - → समुद्री विवादों का निपटारा अन्तर्राष्ट्रीय कानूनों के अनुसार होना चाहिए
  - → जवाबदेह समुद्री संपर्क
  - → सामूहिक रूप से सहायता
  - → समुद्री पर्यावरण एवं समुद्री संसाधनों का संरक्षण करना।

- राष्ट्रीय समुद्री डोमेन जागरूकता प्रणाली
- प्रोजेक्ट सी बर्ड + ऑपरेशन संकल्प
- नरेश चन्द्र समिति : समुद्री सुरक्षा को लेकर

⇒ Multi Layer Coastal security model

L1 : समुद्र के गहरे भाग ⇒ Indian Navy

L2 : तटीय क्षेत्र → भारतीय तटरक्षक बल

L3 : तटवर्ती पुलिस और स्थानीय निगरानी
eg मार्कोस कमांडोज

L4 : तटीय गाँव + मछुआरे

L5 : तकनीक + अवसंरचना

संगठित अपराध और आतंकवाद में संबंध

<u>संगठित अपराध</u> :- 3 या अधिक लोगों द्वारा की गई उन सामूहिक गतिविधियों से है जिनका मकसद आपराधिक गतिविधियों को बढावा देना है व अर्थव्यवस्था में प्रवेश कर उसे पंगु बनाना है ।

→ परंपरागत संगठित अपराध → चोरी, डकैती, अवैध खनन, अपहरण
↓
राष्ट्रीय सुरक्षा पर घातक प्रभाव नहीं

→ नवीन संगठित अपराध
- ड्रग्स
- तस्करी < हथियार / मानव
- नकली मुद्रा प्रसार + धन शोधन
- साइबर अपराध, हवाला

→ संगठित अपराध की अन्तर्राष्ट्रीय प्रकृति

- एक से अधिक राष्ट्रों में किया गया अपराध
- अपराध योजना किसी अन्य राष्ट्र में तैयार की गई हो
- एक राष्ट्र के अपराधियों का संबंध दूसरे देश के अपराधी संगठनों से

संगठित अपराध के लक्षण

(1) आपराधिक समूह के लक्षण :-

- निरन्तरता - नेतृत्व में परिवर्तन परंतु निरंतर चलता रहता है
- संरचना - समर्पित व पदानुक्रमिक
- सदस्यता - परीक्षण, योग्यता, निष्ठा, गोपनीयता, आर्थिक लाभ, पद प्रतिष्ठा
- हिंसा : उद्देश्य पूर्ति हेतु सहारा लेना
- शक्ति व लाभ संबंधी लक्ष्य : विधि निर्माताओं, राजनीतिज्ञ व प्रशासनिक अधिकारियों के साथ गठजोड़ ।

(2) संरक्षक : भ्रष्ट लोक अधिकारी, राजनेता, अधिवक्ता, व्यवसायी ।

(3) संगठित अपराध का समर्थन करने वाले कारक

- विशेषज्ञ समर्थन
- सामाजिक समर्थन - जातिवाद
  ↓
  सामाजिक समारोह में संगठित अपराधियों को नेतृत्वकर्त्ता के रूप में शामिल

संगठित अपराध के प्रकार

(1) मादक द्रव्यों का दुरुपयोग व तस्करी
- → सबसे गंभीर संगठित अपराध
- → अन्तर्राष्ट्रीय प्रकृति
- → गोल्डन ट्रायंगल और गोल्डन क्रिसेंट

• भारत में मादक पदार्थों की तस्करी का नेटवर्क

कारक
- → कुरियर सेवा
- → परिवहन नेटवर्क
- → सिंडिकेंट
- → पंजाब सीमा पर निगरानी का अभाव व सुरंगों के माध्यम से

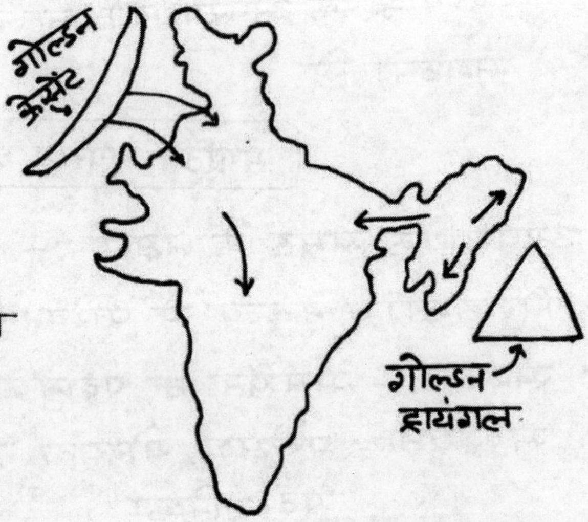

(2) तस्करी

(3) धन शोधन एवं हवाला

(4) कॉन्ट्रेक्ट किलिंग

(5) हथियारों की तस्करी

(6) फिरौती के लिए अपहरण

(7) वेश्यावृति

⇒ वृद्धि के कारक :- वैश्विक बाजार में अवैध वस्तुओं की मांग → मानव अंगो का व्यापार

• भौगोलिकभूभाग और खुली सीमाएँ
  ↳ नकली करेंसी + ड्रग्स

- वैश्वीकरण → नये बाजार, नए अवसर + ड्रग व हथियारों का Int. नेटवर्क
- राजनीति का अपराधीकरण → चुनावी धन के लिए
- प्रौद्योगिकी - डिजिटल मनी → डार्कनेट, डीपवेब etc.
- आर्थिक कारण → गरीबी, बेरोजगारी, आय में असमानता; काले धन की समांतर अर्थव्यवस्था
- कानून प्रवर्तन की कमजोरी
- सामाजिक-सांस्कृतिक कारक → अपराध को रोजगार का विकल्प मानने वाली सोच

प्रभाव - राष्ट्रीय सुरक्षा को खतरा

- आर्थिक नुकसान → Tax चोरी + काला धन
- सामाजिक अव्यवस्था → युवाओं का नशे में फंसना
- लोकतांत्रिक संस्थाओं का क्षरण
- वैश्विक छवि पर असर
  - ↳ निवेशकों का भरोसा कम

उपाय / आगे की राह :-

- संस्थागत सुधार करना
  - ↳ पुलिस सुधार (मलिमथ समिति की सिफारिशें)
  - ↳ NIA + ED जैसी संस्थाओं का सशक्तिकरण
- कानूनी उपाय + प्रवर्तन बेहतर

eg IPC 120A, PMLA act 2002, FERA, FEMA

MCOCA - महाराष्ट्र, KCOCA - कर्नाटक

नार्कोटिक्स Act 1986

- तकनीकी समाधान
  - → AI + Big data से निगरानी
  - → वित्तीय आसूचना नेटवर्क
- आर्थिक सुधार करना
  - → कैशलेस economy को बढ़ावा
- अन्तर्राष्ट्रीय सहयोग
  - → Palermo कंवेंशन
  - → इंटरपोल, FATF
    - eg भारतपोल
  - → UN के साथ सहयोग
    - eg संयुक्त राष्ट्र मादक पदार्थ व अपराध कार्यालय द्वारा वैश्विक प्रयासों का समर्थन
- सामाजिक पहल + जागरूकता
  - eg - मानस पहल (नशे से दूर), उज्ज्वला कार्यक्रम
- सीमा प्रबंधन बेहतर करना + क्षेत्रीय सहयोग प्राप्त करना
  - ↓
  - सार्क + बिम्सटेक

संगठित अपराध का आतंकवाद से संबंध

- आतंकी संगठन अपराधियों को धन देते हैं, बदले में वे इन्हें प्रश्रय देते हैं।
- संगठित अपराधी समूह आमतौर पर मजबूत संचार नेटवर्क स्थापित करते हैं। ये संगठित समूह आतंकवादी समूहों की आँख और कान की तरह कार्य करते हैं।

eg- डी कंपनी
1993 मुंबई विस्फोट

eg- जम्मू- कश्मीर में जाली मुद्रा

eg- पूर्वोत्तर भारत में

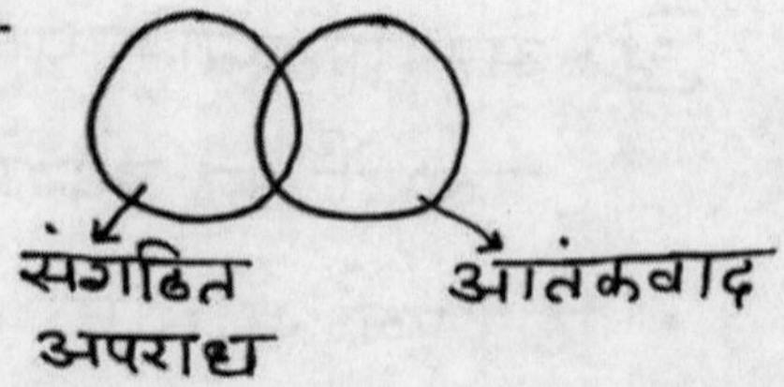

- आतंकवाद का उद्देश्य व्यवस्था परिवर्तन जबकि संगठित अपराध का अंतिम उद्देश्य आर्थिक लाभ है।
- आतंकवाद में हिंसा अनिवार्य है, संगठित अपराध में नहीं
- संगठित अपराधी राजनीतिक तंत्र के अंदर काम करते हैं, आतंकवादी इस तंत्र को ही ध्वस्त करने का प्रयास करते हैं।
- बंदूक बनाने से मिलने वाले पैसे, ड्रग्स, तस्करी से कमाए पैसे को आतंकवाद में लगाया जाता है।

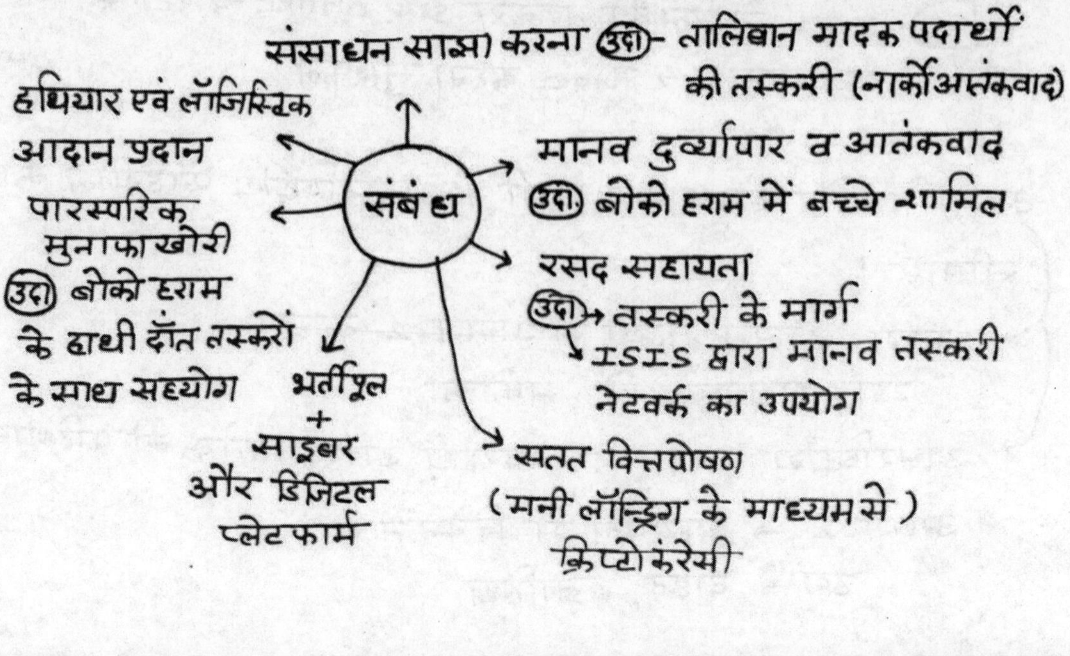

चुनौतियाँ :-

सीमापार प्रकृति - आतंकवाद + संगठित अपराध दोनों ही

(eg) अफगानिस्तान- पाकिस्तान सीमा से हथियारों व नशीले पदार्थों का प्रवेश।

- छिद्रपूर्ण सीमाएँ (निगरानी करना मुश्किल)
  नेपाल - भारत- बांग्लादेश
- अपराधी + आतंकी नेटवर्क + स्थानीय राजनीतिज्ञ + प्रशासनिक तंत्र के साथ गठजोड़ → जाँच कमजोर
  उदा॰ 1993 मुंबई धमाके
- सामाजिक - आर्थिक असमानताएँ - अपराध एवं आतंक की ओर आकर्षित
  (eg) नक्सल क्षेत्रों में
- वित्तीय नेटवर्क की जटिलता
  ↳ हवाला, क्रिप्टोकरेंसी, शैल कंपनियों का उपयोग

(eg) ISIS ने तेल की तस्करी और online चैरिटी से खूब कमाए → Trace करना मुश्किल

- कानूनी और संस्थागत कमी + अन्तर्राष्ट्रीय सहयोग की सीमाएँ।
  → अलग - अलग राज्यों में अलग-2 कानून
  उदा॰- महाराष्ट्र में मकोका
  → अंतर्राष्ट्रीय स्तर पर अपराध और आतंक की परिभाषा अलग-2 → प्रत्यर्पण में दिक्कतें
  उदा॰ - दाऊद इब्राहिम

- इंटेलीजेंस गैप और समन्वय की कमी
  उदा. - 26/11 हमला (समन्वय की कमी)

- तकनीकी चुनौतियाँ → Misinformation + फेक प्रोपेगेंडा etc.
  उदा.- डार्कनेट पर ड्रग्स, Arms, fake ID, Bitcoin
  इन्क्रिप्टेड संचार (निगरानी कठिन), टेलीग्राफ,
  (ISIS ऐसा करता है।)
  online कट्टरता, सूचना युद्ध, बिगडाटा, ड्रोन

<u>सुझाव / आगे की राह</u>

- राजनीति, प्रशासन व संगठित अपराधियों के गठजोड़ को तोड़ा जाए।

- समग्र रणनीति
  - → संगठित अपराध और आतंकवाद को एक फ्रेमवर्क में देखने की जरूरत
  - → MAC + राष्ट्रीय काउंटर आतंकवाद केन्द्र जैसे संस्थानों को मजबूत बनाना
  - → वित्तपोषण को तोड़ना

- कानूनी सुधार
  - → UAPA + PMLA को मजबूत करना
  - → गवाहों का संरक्षण

- वित्तीय नेटवर्क पर नियंत्रण
  - → FIU-IND को सशक्त बनाना
  - → NGO's को दान के लिए FCRA को सख्त करना
  - → FATF के सुझावों को अन्तर्राष्ट्रीय स्तर पर लागू करना
  - → क्रिप्टोकरेंसी → KYC norms के दायरे में लाना।

- सीमापार और समुद्री सुरक्षा
  - → NC3IN + CIBMS + Drone निगरानी
  - → Joint exercise + सागरमाला
- गुप्तचर ऐजेंसी की नियमित बैठक हो + तकनीकी समाधान
- वैश्विक सहयोग को प्रभावी
  - ↳ इंटरपोल, UNODC, FATF मंचो का प्रयोग
  - ↳ SAARC + BIMSTEC
- De-redicalisation प्रोग्राम
  - ↳ सिविल सोसायटी + NGO + धार्मिक नेता

उदा. - केरल का "OP. पी हंट" → केरल पुलिस + राज्य के साइबरडोम द्वारा
(बाल- यौन शोषण सामग्री के खिलाफ)

- जनजागरूकता
  - ↳ Fake News + ऐजेंडे के लिए
- फास्ट ट्रेक अदालतें + केन्द्रित कानून प्रवर्तन + सिनेमा के द्वारा अपराधों का महिमामंडन ना किया जाए।

<u>अवैध प्रवासी</u> • बांग्लादेश की घटना

- तात्पर्य वैध दस्तावेजों के बिना, अवैध तरीकों का उपयोग करके लोगों का एक देश से दूसरे देश में सीमा पार प्रवासन से है।

- नागरिकता एक्ट 1955 (अवैध प्रवासी)

वैध पासपोर्ट या अन्य निर्धारित दस्तावेजों के बिना।	वैध पासपोर्ट या अन्य निर्धारित दस्तावेजों के साथ, लेकिन अनुमत समय अवधि से अधिक समय तक भारत में रहना।

- IOM रिपोर्ट :- 2023 में दुनियाभर में भूमि और समुद्री मार्गों पर कुल 8565 प्रवासियों की मृत्यु हुई है।
  ↳ 2022 की तुलना में लगभग 20% वृद्धि

उदा. – रोहिंग्या प्रवासी, बांग्लादेशी आदि।

<u>अवैध प्रवास के कारण</u>

- आर्थिक कारक - गरीबी, बेरोजगारी
- मौजूदा सामाजिक नेटवर्क – आकर्षण का कारण
- बेहतर जीवन स्तर – eg → अमेरिकन ड्रीम्स
- मानव तस्करी नेटवर्क (भारत में 2925 अवैध एजेंट
  ↓ ई-माइग्रेट पोर्टल से)
- राजनीतिक और धार्मिक उत्पीड़न eg तिब्बत, अफ., बांग्लादेश
- अधिक जनसंख्या eg बांग्लादेश → NE में प्रवेश
- प्राकृतिक आपदाएं eg अफ्रीका साहेल क्षेत्र (सूखा)
  बांग्लादेश में बाढ़ एवं चक्रवात

• अवैध प्रवास के प्रभाव

- आर्थिक शोषण → जबरन मजदूरी / असुरक्षित नौकरी
- मानवाधिकारों का उल्लंघन → हमले, Rape
- हिरासत और निर्वासन का खतरा → दुर्व्यवहार

  eg → अमेरिका के हिरासत केन्द्रों पर आरोप

- सामाजिक तनाव + संघर्ष (अवैध प्रवासियों और भारतीयों के बीच)

  ↳ मौजूदा जनसांख्यिकी को विकृत कर सकता है।

  eg → बांग्लादेश से अवैध प्रवास के कारण असमिया पहचान पर संकट

- संगठित अपराधों को बढ़ावा देना + आतंकवाद ↑ + तस्करी

  eg → अमेरिका मेक्सिको की सीमा पर

- कानून और व्यवस्था में गड़बड़ी

  ↳ मताधिकार का प्रयोग + फर्जी राशन कार्ड + पहचान पत्र + आंतरिक सुरक्षा तंत्र

- उग्रवाद का उदय → eg - भारत में

अवैध प्रवासन से निपटने में चुनौतियाँ →

- आंकड़ों का अभाव
- छिद्रयुक्त सीमाएँ
- ट्रेवल एजेंसियों का खराब विनियमन
- संगठित अपराधी समूहों की संलिप्तता
- कानूनों का अभाव (दुनिया के कई हिस्सों में)

आगे की राह :- अन्तर्राष्ट्रीय सहयोग + डेटा विनिमय + मानव अधिकारों की सुरक्षा के लिए एक संस्थागत तंत्र की आवश्यकता है।

- मानव तस्करी से निपटना
  - ↳ इंटरपोल के दायरे में कानून प्रवर्तन एजेंसियों का बेहतर समन्वय
- अवैध प्रवासन का पता लगाना + रोकना (स्थानीय कानून प्रवर्तन क्षमता का विकास)
- संगठित अपराध का मुकाबला - UNTOC
- शरणार्थियों और अवैध प्रवासियों में अंतर स्पष्ट करें
- सीमा प्रबंधन को बेहतर करें + क्षेत्रीय सहयोग

<u>भारत में कानूनी ढांचा</u>

- नागरिकता Act 1955
- विदेशी एक्ट 1946
  - ↳ केन्द्र सरकार को किसी विदेशी नागरिक को निर्वासित करने का अधिकार
- असम में NRC
- विदेशी न्यायाधिकरण की स्थापना
- विदेशियों का पंजीकरण एक्ट 1939

<u>Note</u> - **अवैध प्रवास के तरीके**

- वीजा की अवधि अधिक से अधिक समय तक रहना
- अवैध रूप से सीमापार करना
  - → Dunki रूट < फर्जी वीजा, मानव तस्कर
  - → डेरेन गैप (पनामा-कोलंबिया)
  - → शेंगेन वीजा धोखाधड़ी मार्ग (यूरोप व UK के लिए)
- विवाह धोखाधड़ी
- जन्म पर्यटन (USA में)

(eg) भारत से अमेरिका / कनाड़ा में

* निर्वासन :- किसी विशेष नागरिक को भारतीय क्षेत्र से निकालने की औपचारिक कानूनी प्रक्रिया है।

→ विदेशी एक्ट 1946
→ आव्रजन और विदेशी एक्ट 2025
→ विदेशियों का पंजीकरण एक्ट 1939
→ पासपोर्ट (भारत में प्रवेश) Act 1920

शामिल
- गृह मंत्रालय
- विदेशी क्षेत्रीय पंजीकरण कार्यालय एवं संबंधित दूतावास

- राष्ट्रीय सुरक्षा, संप्रभुता, जन स्वास्थ्य या विदेशी संबंधों जैसे आधारों पर प्रवेश से इन्कार किया जा सकता है।
- संस्थागत ढाँचा - आव्रजन ब्यूरो
  - → वीजा जारी करने
  - → सीमा नियंत्रण
  - → विदेशी पंजीकरण के लिए
- दंड 5 वर्ष / 5 लाख
- आवागमन प्रतिबंध (संरक्षित, सीमावर्ती क्षेत्रों etc)

⇒ अवैध प्रवासन का मुकाबला करने के लिए की गई पहलें :-

- ई माइग्रेट पोर्टल
- "सुरक्षित जाएं प्रशिक्षित जाएं" अभियान → विदेश मंत्रालय पहल
- सीमा प्रबंधन → बाड़ लगाना + फ्लड लाइटिंग + व्यापक एकीकृत सीमा प्रबंधन प्रणाली
- सुरक्षित, व्यवस्थित और नियमित प्रवास के लिए वैश्विक समझौता → IOM का

- अंतर्राष्ट्रीय संगठित अपराध के विरुद्ध संयुक्त राष्ट्र कन्वेंशन (UNTOC) के तहत भूमि, समुद्र और वायु द्वारा प्रवासियों की तस्करी के विरुद्ध प्रोटोकॉल
- इंटरपोल

⇒ नशीले पदार्थों की तस्करी और राष्ट्रीय सुरक्षा को खतरा / नार्को आतंकवाद :-

- गृह मंत्रालय - 2014 से 2024 तक 22000 करोड़ रु. मूल्य की लगभग 5.43 लाख किलोग्राम ड्रग्स जब्त की गई।
- भारत अन्तर्राष्ट्रीय स्तर पर नियंत्रित मनोविकृति पदार्थों के लगभग 21% वैश्विक विनिर्माण के लिए जिम्मेदार है।
- भारत दक्षिण एशिया का सबसे बड़ा अफीम बाजार है।
- विश्व मादक पदार्थ रिपोर्ट - 2024
  ↳ वैश्विक मादक पदार्थ का उपयोग करने वाले लोगों की संख्या 292 मिलियन पहुँच गई है। (20% वृद्धि पिछले दशक से)
- दवाएं :- कैनबिस, ओपिओइड्स, कोकिन, फेंटेनाइल
- 62% डार्कनेट का उपयोग अवैध रूप से मादक पदार्थों की तस्करी के लिए।
- यह एक सामाजिक समस्या है, जिसके कारण युवाओं और परिवारों को नुकसान पहुँचता है, और इससे अर्जित किया गया धन विघटनकारी गतिविधियों एवं उद्देश्यों के लिए उपयोग किया जाता है, जिसका राष्ट्रीय सुरक्षा पर असर पड़ता है।

- नशीली दवाओं की तस्करी अक्सर अपराध के अन्य रूपों से जुड़ी होती है।
  - आतंकवाद
  - मनीलांड्रिंग
  - भ्रष्टाचार

- NCB : भारत में नशीले दवाओं का प्रचलन
  - → 100 M लोग प्रभावित
    - → UP, महाराष्ट्र, पंजाब जैसे राज्य

नार्को आतंकवाद → ड्रग्स तस्करी + आतंकवाद

- 90% मांग गॉल्डन ट्रायंगल, गॉल्डन क्रिसेंट से होती है दुनिया की।

- अवैध दवा व्यापार में सहायक कारक
  - स्थानीय स्तर पर विक्रेताओं और खरीददारों को जोड़ने में इंटरनेट एवं सोशल मीडिया की भूमिका
  - क्रिप्टोकरेंसी और डार्कनेट, ड्रग बाजारों का उदय
  - सिंथेटिक दवाओं की भूमिका (दवा निर्माण में सहायक).

- स्रोत
  - → थ्रेटस फ्रॉम डेथ (गोल्डन क्रीसेंट)
  - → थ्रेटस फ्रॉम डेथ (गोल्डन ट्रायंगल)
  - → चीनी कारक + हवाला लेन देन + संगठित अपराध

चुनौतियाँ :- भौगोलिक स्थिति : गोल्डन ट्रायंगल व गोल्डन क्रिसेंट के बीच
↓
छिद्रपूर्ण सीमा

- कमजोर कानून प्रवर्तन : NCB की सीमित उपस्थिति (सीमावर्ती क्षेत्रों तक पहुँच नहीं)

- भ्रष्टाचार + आतंकवाद के लिए वित्तपोषण
  उदा. - जैश-ए-मोहम्मद आतंकी संगठन ड्रग मनी फंडिंग प्राप्त करते हैं।
- नशीली दवाओं की संस्कृति की सामाजिक स्वीकृति
- उग्रवाद + जातीय संघर्ष
  ↳ J&K + पूर्वोत्तर राज्यों में
  ↳ कश्मीर के उग्रवादी समूह मादक पदार्थों का व्यापार
- क्रॉस बॉर्डर नेटवर्क + युवा जनसंख्या पर असर + संगठित
  उदा.-लश्कर-ए-तैयबा
- अपराधी-आतंकवाद-विद्रोही समूहों का त्रिपक्षीय गुट + तकनीकी और डार्कनेट
  उदा.-पंजाब में ड्रोन के माध्यम से तस्करी
- अधिक सुरक्षित और गुमनाम तरीकों का उपयोग करना
  उदा. e-कॉमर्स डमी Website
- स्थानीय गिरोह के माध्यम से तस्करी
  उदा. - पंजाब व RAJ + J&K + NE
- भारत में अफीम जैसी दवाओं की खेती
  उदा. - राजस्थान के प्रतापगढ़ जिले में

आगे की राह / उपाय

- बेहतर सीमा प्रबंधन एवं निगरानी नेटवर्क
  (eg) स्मार्ट फेंसिंग, ड्रोन निगरानी आदि
- तकनीक का प्रयोग + वित्तीय आसूचना ईकाई को मजबूत करना

- सामाजिक समाधान

  उदा. - राजस्थान में मिशन "नशे के खिलाफ बोलेगी दीवार"

  उदा. - केरल का Vimukthi mission

  उदा. - नशा मुक्त भारत अभियान

- कानूनों में सुधार + क्षेत्रीय सहयोग

  ↳ SAARC + BIMSTEC

- Int. संगठन + राष्ट्रीय सरकार + नियामक प्राधिकरण + निजी कंपनियों के बीच सहयोग

- डार्कनेट एवं क्रिप्टोकरेंसी पर टास्क फोर्स गठन करना

- NDPS Act के तहत सीमा सुरक्षा बलों + भारतीय तट-रक्षक बलों + रेलवे सुरक्षा बलों को सशक्त करना

- प्रत्येक राज्य / संघ राज्य क्षेत्र में मादक पदार्थ निरोधक कार्यबल का गठन

  eg. राजस्थान का सीमा केंद्रित STF

  ↳ आपूर्ति श्रृंखला को तोड़ना

- सुरक्षा ऐजेंसियों + स्वास्थ्य विभाग + शिक्षा + समाज + सीमा प्रबंधन ≡ समाधान

⇒ भारत में नशीली दवाओं के दुरुपयोग में योगदान देने वाले कारक

- पारिवारिक वातावरण
- साथियों का प्रभाव
- कानून व्यवस्था की खामियां
- शैक्षणिक तनाव + मानसिक स्वास्थ्य समस्याएँ
- सांस्कृतिक मानदंड + मीडिया प्रभाव फिल्में
- सामाजिक आर्थिक प्रभाव
- सख्त कानूनों का डर + आसान उपलब्धता

उपाय :-

- विधायी उपाय : मौजूदा कानूनों को मजबूत करना और सुधारना
- एकीकृत नीति दृष्टिकोण
  (जागरूकता + शैक्षणिक संस्थानों में क्लब + स्थानीय सहभागिता कानून + नशा मुक्ति केन्द्र)

  eg केरल का Vimukthi mission.

- नशा मुक्ति केन्द्र और शिविरों की स्थापना एवं स्लोगन का उपयोग

  उदा. राजस्थान "नशे के खिलाफ बोलेगी दीवार"

- डार्कनेट निगरानी + क्रिप्टो लेन-देन ट्रेकिंग + Skill training + नशामुक्ति शिविर केन्द्र + फसलों पर प्रतिबंध
  (50% से अधिक एल्कोहल और ओपिआइड वाली दवाएँ BAN)
- शिक्षा + जागरूकता + परामर्श उपचार

  उदा. केरल 'जुंबा' नृत्य कार्यक्रम "नशे के खिलाफ"

- Int. सहयोग (eg) इंटरपोल
- प्रौद्योगिकी का उपयोग + रोजगार के अधिक अवसर सृजित

Govt. पहल + Example + Case study

- अनुच्छेद - 47
- नारकोटिक ड्रग्स एवं साइकोट्रोपिक सबस्टेंस एक्ट 1985
- नशा मुक्त भारत अभियान 2020
- ड्रग डिमांड रिडक्शन हेतु नेशनल एक्शन प्लान 2018-25
- औषधि एवं प्रसाधन सामग्री एक्ट 1940
- संस्थागत उपाय : NIA + NCB + सीमा शुल्क विभाग + राजस्व खुफिया निदेशालय
- निदान और NCORD पोर्टल
- मानस पहल, नशा मुक्ति केन्द्र
- प्रोजेक्ट सनराइज : पूर्वोत्तर भारत में नशीली दवाओं वाले इंजेक्शन से होने वाली HIV से बचने के लिए
- स्वापक : औषधियों और मनः प्रभावी पदार्थों के अवैध व्यापार की रोकथाम एक्ट 1988

CASE STUDY + EXAMPLE

- केरल विमुक्ति मिशन
  ↳ जागरूकता + शैक्षणिक संस्थानों में क्लब + स्थानीय सहभागिता + नशा मुक्ति केन्द्र
- "नया सवेरा" पहल → पुलिस + Volunteer ⇒ सामुदायिक पुलिसिंग

- केरल "जुम्बा सेशन"
  - ↳ With childhood and youth अभियान के तहत

- बडी (Buddy program) → पंजाब सरकार
  - → स्कूली बच्चों में नशाखोरी रोकने के लिए
  - → दो-दो students एक दूसरे की निगरानी करते हैं
    - जागरूकता, peer monitoring
  - ↳ द होप इनिशिएटिव → शपथ लेना

- मणिपुर "नोड्रग्स movement
  - → NGO + मीरा पैबिस (women group)
  - → सामुदायिक भागीदारी
  - ↳ सामुदायिक पुलिसिंग
    - → महिलाएँ खुद पेट्रोलिंग करती हैं
    - → पकड़कर पुलिस को सौंपना

- एंटी ड्रग अवेयरनेस यात्रा
  - ↳ ग्राम पंचायत + सांस्कृतिक जुड़ाव etc.
  - ↳ राजस्थान में

6 विभिन्न सुरक्षा बल और एजेंसियां तथा उनका अधिकार क्षेत्र

Q.। भारत द्वारा सामना की जानेवाली आंतरिक सुरक्षा चुनौतियाँ क्या है ? ऐसे खतरों का मुकाबला करने के लिए नियुक्त केन्द्रीय खुफिया और जॉंच ऐजेसियों की भूमिका बताइए ।

(UPSC main 2023, 15 अंक)

---

* भारत की राष्ट्रीय सुरक्षा वास्तुकला

- केन्द्रीय सुरक्षा समिति (CCS) → राष्ट्रीय सुरक्षा में सर्वोच्च निकाय।
  - → अध्यक्ष PM, अन्य सदस्य - रक्षा, विदेश, गृह, वित्तमंत्री
  - → राजनीतिक व राष्ट्रीय सुरक्षा हेतु जिम्मेदार

- राष्ट्रीय सुरक्षा परिषद (NSC) → 1998 में स्थापना
  - → शीर्ष कार्यकारी निकाय
  - → राष्ट्रीय सुरक्षा व रणनीतिक हितों से संबंधित PM कार्यालय को सलाह

- आसूचना आयोग (IB) - 1947 गृह मंत्रालय के अधीन
  - → आंतरिक सुरक्षा व खुफिया संगठन के रूप में कार्य
  - → आसूचना संग्रह व अन्य ऐजेंसियों के साथ साझा
  - → आतंकरोधी आतंकवादी संगठनों की जानकारी जुटाना

मुख्य कार्य

- → काउंटर इंटेलिजेंस
- → सीमावर्ती आसूचना संग्रहण

- राष्ट्रीय अन्वेषण अभिकरण (NIA) → स्थापना 2008
  - → आतंक रोधी कार्यबल
  - → केन्द्रीय आतंकवाद कानून प्रवर्तन ऐजेंसी

कार्य

- → आतंकवाद से जुड़े अपराधों की जाँच व मुकदमा चलाना
- → आतंकवाद से संबंधित सूचनाएँ जुटाना
- → हाल के संशोधन द्वारा साइबर आतंकवाद, जाली मुद्रा, विस्फोटक पदार्थ, मानव दुर्व्यापार आदि जैसे अपराध शामिल किए गए हैं।

- राष्ट्रीय आसूचना ग्रिड (नेटग्रिड) - एकीकृत सूचना ग्रिड
  - → विभिन्न मंत्रालयों व विभागों तथा एजेंसियों से आसूचना एकत्रित करना
  - → आसूचनाओं को अन्य एजेंसियों के साथ साझा करना
  - → नेटग्रिड के अन्तर्गत बैंकिंग, क्रेडिट कार्ड, हवाई यात्रा, वीजा आदि से भी संबंधित सूचनाओं की जानकारी होती है।

- Multi Agency Centre (MAC)
    - आतंकवाद से मुकाबले हेतु एकीकृत संस्था
    - 24×7 आतंकवाद संबंधी सूचनाएँ साझा करना
- वित्तीय आसूचना इकाई- भारत (FIU-IND)
    - → स्थापना - 2004
    - → संदेहास्पद वित्तीय लेन-देन पर नजर व डाटा जुटाना
    - → धन शोधन मामले की जाँच

* भारतीय सशस्त्र बल

- थल सेना, वायुसेना, नौसेना
- इसके अलावा भारतीय सशस्त्र बलों को अर्द्धसैनिक संगठनों तथा विभिन्न अंतर सेवा कमान एवं संस्थानों जैसे सागरिक बल कमान, एकीकृत रक्षा स्टाफ द्वारा समर्थन किया जाता है।

* केन्द्रीय सशस्त्र बल (CAPF)

- गृह मंत्रालय के प्रशासनिक नियंत्रण के तहत भारत के 7 केन्द्रीय सशस्त्र पुलिस बल हैं –

(i) केन्द्रीय रिजर्व पुलिस बल (CRPF)
→ आंतरिक सुरक्षा व उग्रवाद से निपटना.

(ii) केन्द्रीय औद्योगिक सुरक्षा बल (CISF) - हवाई अड्डों, सार्वजनिक उपक्रमों व स्थलों की सुरक्षा

(iii) राष्ट्रीय सुरक्षा गार्ड (NSG) - आतंकवादी रोधी बल

(iv) सीमा सुरक्षा बल (BSF)- शांतिकाल में बांग्लादेश व पाक सीमा सुरक्षा

(v) भारत-तिब्बत सीमा पुलिस (ITBP)- भारत-चीन सीमा

(vi) सशस्त्र सीमा बल (SSB)- भारत नेपाल व भारत-भूटान

(vii) असम राइफल्स (केन्द्रीय अर्द्धसैनिक बल) – भारत-म्यान्मार सीमा व उ. पू. राज्यों में आंतरिक सुरक्षा।

Note: अर्द्धसैनिक बल - परिभाषित नहीं → Act संसद → सरकार

→ वे बल जो सैन्य बलों की सहायता करते हैं और उनका नेतृत्व सैन्य अधिकारी करते हैं।

उदा. असम राइफल्स, सीमा सुरक्षा बल, CISF, CRPF, ITBP, NSG, SSB

मुद्दे :- कर्मियों की कमी

→ कार्य का बोझ 16-18 घंटे कार्य

- समर्पित शिकायत निवारण प्रणाली का अभाव है (BSF जवान का video)
- वरिष्ठ अधिकारियों द्वारा निजी कार्य करना
- आवास सुविधाओं का अभाव, कम वेतन भत्ते, घटिया भोजन
- सशस्त्र सेना न्यायाधिकरण उनके दायरे में नहीं आता न्यायपालिका के दायरे से बाहर Art - 33
- पोस्टिंग की अवधि के मामले में कोई स्थिरता नहीं है

→ VIP सुरक्षा में, कानून व्यवस्था में, चुनाव, ड्यूटी

- सरकार शहीद का दर्जा नहीं देती
- आधुनिकीकरण का अभाव
- परिवारों से लंबे समय से अलगाव
- सेना का राजनीतिकरण
- कैडर प्रबंधन का मुद्दा
- फेट्रीसाइट के बढ़ते मामले

उपाय → कार्मिक सुधार
- → स्वास्थ्य पर जोर
- → "एक क्षेत्र एक भत्ता"
- → शहीद का दर्जा, सैन्य सेवा वेतन
- → अलग शिकायत निवारण तंत्र
- → लैंगिक समानता

एकीकृत थिएटर कमान (ITC) → किसी विशेष भौगोलिक क्षेत्र को सुरक्षित रखने के लिए तीनों सेनाओं के संसाधनों को एक कमांडर के अधीन संयोजित करना।

- शेकटकर समिति सिफारिश (2016)

तीन एकीकृत थिएटर कमान
- एक उत्तर में चीन के लिए (लखनऊ)
- एक पश्चिम में पाक के लिए (जयपुर)
- दक्षिण में समुद्री भूमिका (तिरुवनंतपुरम)

- कारगिल समीक्षा समिति ने भी सिफारिश की और CDS की भी (1999)

Note: अभी तक दो हैं
- अंडमान एवं निकोबार (ANC)
- सामरिक बल कमान (SFC) → (परमाणु)

- इससे बेहतर समन्वय, तीव्र निर्णय लेने की क्षमता और बेहतर युद्ध प्रभावशीलता सुनिश्चित होती है।

यह रक्षा मंत्रालय द्वारा "2025 को सुधारों का वर्ष" घोषित करने के एक हिस्से के रूप में

अन्य देशों में - चीन, रूस, अमेरिका, ब्रिटेन

- अब 17 एक सेवा कमान
  - थल सेना (7)
  - नौसेना (7)
  - वायुसेना (3)

आवश्यकता क्यों?
- केन्द्रीकृत निर्णय लेने में कमी → तीनों
- बजट का बेहतर उपयोग
- प्रयासों और संसाधनों का दोहराव (अनावश्यक लागत, अपर्याप्त संसाधन आवंटन)
- वर्तमान में बदलती युद्ध प्रवृत्तियाँ → AI + Drone (4th पीढी युद्ध) + हाइब्रिड वारफेयर / ग्रे जोन वारफेयर, Proxy war
- Two front war challange (चीन + पाक)
- अंतरसंचालनीयता
- हिंद महासागर का सामरिक व भूराजनीतिक महत्व सीमित

पक्ष :- संसाधनों की मितव्ययता और उपलब्ध संसाधनों के इष्टतम उपयोग को सुनिश्चित करती है।

- बेहतर युद्ध क्षमता का विकास
  उदा. - USA व चीन की तरह
- संसाधनों को थिएटर कमांड के नियंत्रण में रखा जाएगा ताकि ऑपरेशन के दौरान किसी पर निर्भर न रहना पड़े।
- बेहतर तालमेल + अधिक दक्षता
- हाइब्रिड युद्ध / आधुनिक युद्ध की आवश्यकताओं को पूरा करने के लिए
- शीघ्र निर्णय में

बिपक्ष :- देश में सैन्य अवसंरचना का अभाव

- भारत भौगोलिक रूप से इतना बड़ा नहीं है कि उसे पृथक-पृथक युद्ध क्षेत्रों में बांटा जा सके।
- अब तक तीनों सेनाओं में सही समन्वय
- संचार नेटवर्क ने संचार आसान बना दिया

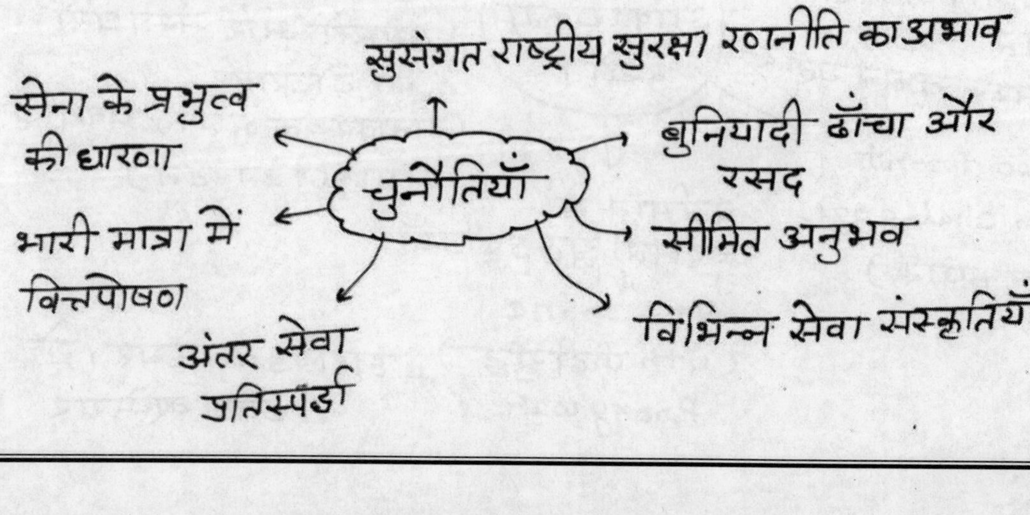

आगे की राह
- → व्यापक संचार और सहयोग स्थापित करना
- → संतुलित संसाधन वितरण
- → प्रशिक्षण (संयुक्त ट्रेनिंग संस्थाएं खोलना)
- → नीति और विनियामक ढांचे (दिशा-निर्देश etc)
- → विश्वास निर्माण (तीनों सेनाओं के बीच)
- → कानूनी ढाँचा स्पष्ट करना + चरणबद्ध क्रियान्वयन
- → प्रौद्योगिकी एकीकरण

⇒ चीफ ऑफ डिफेंस स्टाफ

- प्रारंभिक प्रस्ताव → कारगिल समीक्षा समिति
- → शेकटकर समिति (2016)
- → नरेश चन्द्र समिति (2012)

- एक उच्च सैन्य पद है जो भारत में तीनों सेनाओं के काम काज की देखरेख एवं समन्वय करता है।
- प्रमुख सैन्य सलाहकार के रूप में भूमिका

भूमिका -- • प्रधान सैन्य सलाहकार
- → परमाणु कमान प्राधिकरण के भी सलाहकार
- → तीनों सेनाओं के मामले में रक्षा मंत्री के प्रधान सैन्य सलाहकार के रूप में कार्य

- सैन्य मामलों के विभाग प्रमुख
  - → सेवाओं के लिए खरीद, प्रशिक्षण
  - → संसाधनों के इष्टतम use के लिए सैन्य कमानों की पुनर्गठन की सुविधा
  - → सेनाओं द्वारा स्वदेशी उपकरणों के उपयोग को बढावा

- चीफ्स ऑफ स्टाफ कमेटी के स्थायी अध्यक्ष

सभी त्रिसेवा संगठनों और कमांडो का प्रशासन करना	परमाणु कमान प्राधिकरण के सैन्य सलाहकार के रूप में कार्य करना	तीनों सेनाओं के संचालन रसद, परिवहन, प्रशिक्षण सहायता सेवा संचार आदि का समन्वय करना

- भारत की सुरक्षा में CDS का महत्व –

सेनाओं के बीच समन्वय
↑
प्रभावी नेतृत्व ← **महत्व** → समग्र प्रबंधन
↓
संसाधन अनुकूलन

⇒ NIA (राष्ट्रीय जॉंच एजेंसी)

↳ भारत की केन्द्रीय आतंकवाद रोधी कानून प्रवर्तन एजेंसी है।

↳ NIA Act 2008 के तहत गठन (26/11 हमले के बाद)

- भारत की संप्रभुता, सुरक्षा और अखण्डता को प्रभावित करने वाले सभी अपराधों की जॉंच करने का अधिकार
  - ↳ परमाणु एवं नाभिकीय सुविधाओं के विरुद्ध
  - ↳ हथियारों, नशीले पदार्थों, जाली मुद्रा

2019 संशोधन → अब भारत के बाहर किए गए अपराधों की जॉंच का अधिकार भी दिया जो अन्तर्राष्ट्रीय संधियों और अन्य देश के घरेलू कानूनों के अधीन होगा

- कानून का दायरा बढाना
  - ↳ मानव तस्करी
    नकली मुद्रा
    हथियारों की तस्करी
  - साइबर आतंकवाद
  - विस्फोटक पदार्थ Act 1908 के अन्तर्गत अपराध
- 2008 में विशेष न्यायालयों के गठन का प्रावधान

↳ 2019 संशोधन - केन्द्र सरकार को Act के तहत अनुसूचित अपराधों की सुनवाई के लिए सत्र न्यायालयों को विशेष न्यायालय के रूप में नामित करने की अनुमति दी।

अंकुश विपन कपूर बनाम NIA मामला (2025)

SC ↳ एजेंसी की शक्तियाँ NIA एक्ट की अनुसूची में उल्लिखित अपराधों या ऐसे अनुसूचित अपराध करने वाले आरोपियों की जाँच तक सीमित नहीं है।

- दोषसिद्धि दर :- अब तक 640 मामले दर्ज (JAN 2025), जिनमें से 147 मामलों में निर्णय सुनाया तथा दोषसिद्धि दर 95.3% है
- राष्ट्रीय सुरक्षा चुनौतियों से निपटने में NIA की प्रभावकारिता

→ आतंकवाद रोधी तंत्र को मजबूत करना
   ↳ (95.23% दोषसिद्धि दर)
   ↳ वैश्विक स्तर भी (2019 संशोधन)

→ जाँच और अभियोजन क्षमताओं को बढाना
   ↳ 51 विशेष NIA अदालतों की स्थापना

→ आतंकवाद के वित्तपोषण और नकली मुद्रा नेटवर्क से निपटना। उदा. बांग्लादेश एवं नेपाल के साथ सहयोग

→ अन्तर्राष्ट्रीय सहयोग का विस्तार
  ↳ खुफिया जानकारी साझा करने और प्रशिक्षण कार्यक्रम

• संघवाद को लेकर चिंताएँ
  → राज्य सरकारों को दरकिनार करना
  → सत्ता का अति केन्द्रीकरण
  → राज्य कानून प्रवर्तन की सीमित भूमिका

पुलिस सुधार :- राज्य सूची का विषय

• प्रति 1 लाख लोगों पर केवल 137 पुलिस कर्मी हैं जबकि UN ने 222 की सिफारिश की थी।

• मौजूदा पुलिस संगठन वर्ष 1861 के पुलिस एक्ट पर आधारित है।

बदलाव की आवश्यकता
  → अपराधों की प्रवृति बदलना
  → सत्तावादी शासन के अंतर्गत बनाया हुआ
  → भारतीय समाज में बढती जटिलता

मुद्दे :- पुलिस पर काम का भारी बोझ

• जाँच की खराब गुणवत्ता

• विशेषज्ञता की कमी

- अपर्याप्त फॉरेंसिक और साइबर बुनियादी ढाँचे के कारण अपराधों के लिए दोषसिद्धि दर केवल 47% (विधि आयोग)
- जवाबदेही की कमी
- पुलिस और सामान्य जन के बीच खराब संबंध
- महिलाओं के प्रतिनिधित्व की कमी (कुल पुलिस बल का 10%)
- हथियारों की कमी
- तकनीकी उन्नयन नहीं।

<u>जरूरत</u> :- पुलिस बल का आधुनिकीकरण

- प्रशासनिक परिवर्तन
- तकनीकी सुधार → CCTV, body camera
  e-FIR
- साइबर सुरक्षा को प्रभावी
- अवसंरचनात्मक सुधार
- महिलाओं की हिस्सेदारी ↑ (30% पुलिस आयोग की सिफारिश)
- जवाबदेही ↑ + Income ↑
- पुलिस बल में संवेदनशीलता हो
- नागरिक अनुकूलन करने की जरूरत
- आदर्श पुलिस एक्ट लागू करना

चुनौतियाँ :- लोगों में पुलिस व्यवस्था में विश्वास की कमी

- केन्द्र-राज्यों के बीच तकरार
- राजनीतिक इच्छाशक्ति की कमी
- केन्द्रीय सरकार का संवैधानिक सीमाओं में बाँधना
- औपनिवेशिक काल की व्यवस्था
- पुलिस महकमे का राजनीतिकरण और बढ़ता भ्रष्टाचार
- संवेदनशील कार्य संस्कृति एवं पेशेवर कार्यप्रणाली का अभाव
- पुराने कानूनों में बदलाव लाना
  ↳ वर्तमान परिस्थितियों के अनुसार
- भारत में निम्न पुलिस जनसंख्या अनुपात
  ↳ प्रभावशीलता व दक्षता को कम
- अवसंरचनात्मक कमी + राजनीतिक दबाव
- बदलती प्रौद्योगिकी, चुनौतिपूर्ण होता पुलिस कार्य
  - जैविक हथियार
  - साइबर हमले

राह/उपाय :- पुलिस बल को स्मार्ट बनाना

- तकनीकी कुशल एवं प्रशिक्षित
- आधुनिक एवं गतिशील
- सतर्क एवं जवाबदेह
- विश्वसनीय एवं उत्तरदायी

- कम्युनिटी पुलिसिंग को बढ़ावा देना
- पुलिस शिकायत प्राधिकरण की स्थापना करना
  (पुलिस कदाचार की जाँच)

- साइबर पुलिसिंग को मजबूत करना
- नियुक्तियों में पारदर्शिता
- महिलाओं की संख्या ↑ + ई पुलिस (डिजिटल पुलिस) ↑
  (लैंगिक समानता) उदा:- e-FIR

<u>Note</u> :- प्रकाश सिंह v/s भारत संघवाद : जाँच की गुणवत्ता में सुधार के लिए कानून व्यवस्था से जाँच प्रणाली को अलग करना

→ (पुलिस बलों का आधुनिकीकरण)

- पुलिस बलों के आधुनिकीकरण की योजना (1964-70)
- राष्ट्रीय पुलिस आयोग

<u>कमेटी</u> - रिबेरो समिति 1988

मलिमथ कमेटी

पद्मनाभैया समिति 2000

- II ARC 2007
  ↳ राजनेताओं द्वारा व्यक्तिगत या राजनीतिक कारणों से पुलिसकर्मियों को अनुचित रूप से प्रभावित किया जाता है।
- Model police Act 2006

<u>CASE Study + Model + Example</u>

- Compstat (कॉम्पस्टैट)
  ↳ न्यूयॉर्क मॉडल
  ↳ व्यवस्थित डाटा संग्रह + अपराध विश्लेषण + जवाबदेही के माध्यम से अपराध ↓

- जापान का कोबन सिस्टम
  - ↳ छोटे सामुदायिक पुलिस केन्द्र
  - ↳ 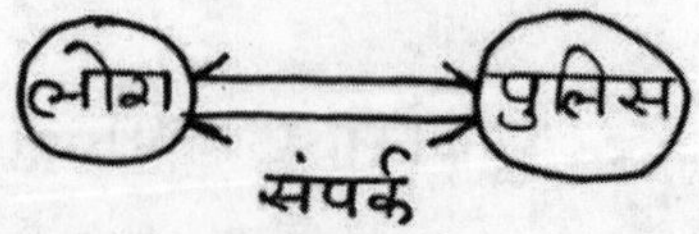

  - ↳ सूचना + सहायता + आपातकालीन प्रतिक्रिया

- केरल जनमैत्री परियोजना .
  - ↳ सामुदायिक पुलिसिंग पहल
  - ↳ समुदाय आधारित दृष्टिकोण + जागरूकता एवं प्रशिक्षण + प्रभावी संचार

- पीलियन सिद्धान्त (UK)
  - ↳ "पुलिस जनता है, और जनता पुलिस है"

- तेलगांना पुलिस की SHE टीम्स
  - ↳ सार्वजनिक स्थानों पर महिलाओं के उत्पीड़न और छेड़छाड़ से रोकने के लिए

- दिल्ली पुलिस का ई गवर्नेंस मॉडल
  - ↳ e-FIR + online शिकायत प्रणाली और CCTNS का use
  - ↳ पारदर्शिता + ट्रेकिंग क्षमता ↑

- SMART पुलिसिंग (PM)

S - Strict and Sensitive
M - Modern & Mobile
A - Alert & Accountable ⇒ निष्पक्षता + तकनीकी क्षमता + संवेदनशील
R - Reliable & Responsive
T - Trained & Tech

अन्य महत्वपूर्ण विषय

- UAPA 1967

  ↳ गैर कानूनी गतिविधियाँ रोकथाम एक्ट 1967

- इसे व्यक्तियों और संगठनों की कुछ गैर कानूनी गतिविधियों की अधिक प्रभावी रोकथाम और आतंकवादी गतिविधियों से निपटने के लिए और उससे जुड़े मामलों के लिए अधिनियमित किया गया था।

- व्यक्ति/संगठन — कार्यवाही →
  - → जो भारत के राज्यक्षेत्र के किसी भाग पर अधिकार या नियंत्रण स्थापित करती हो
  - → भारत की संप्रभुता को खंडित या अखंडता को बाधित करती हों।

- केन्द्र सरकार दोषी संगठन को आतंकवादी संगठन घोषित कर सकती है। (धारा-3)

संशोधन 2019

- सरकार किसी भी व्यक्ति को आतंकवादी घोषित कर सकती है।
- DSP/ACP या उससे ऊपर के Rank के अधिकारियों द्वारा जाँच की जा सकती है।
- NIA जाँच एवं मुकदमा चलाने का अधिकार UAPA के तहत

- SC- एक गैर कानूनी संगठन की सदस्यता अपने आप में UAPA 1967 के तहत एक अपराध है।

(eg) समाचार पोर्टल न्यूज क्लिक - UAPA
↳ चीन से अवैध धन प्राप्त करने का आरोप है
↳ सूचना युद्ध

हाल ही घटना :-
↳ जम्मू-कश्मीर इत्तिहादुल मुस्लिमीन (JKIM) और आवामी एक्शन कमेटी (AAC) को गैर कानूनी संगठन करार (धारा-3)

UAPA से संबंधित चिंताएं

- कम दोष सिद्धी दर
  ↳ (NCRB) → UAPA के केवल 18% मामलों में ही दोषसिद्ध
  ↳ 3% दोषी (2018 - 2020)
- आतंकवादी गतिविधियों की अस्पष्ट परिभाषा
  - किसी व्यक्ति की मृत्यु / चोट लगना
  - किसी भी संपत्ति को नुकसान
- जमानत से इन्कार
- असीमित शक्ति
- मौलिक अधिकारों में कटौती

+ve तर्क :-

- राष्ट्रीय सुरक्षा ↑
- निवारण : संगठन और व्यक्तियों के विरुद्ध
- आतंकवाद विरोधी उपाय (व्यापक कानून) प्रभावी ढंग से निपटने के लिए
  - ↳ eg- मसूद अजहर, हाफिज सईद, JEM
- निवारक निरोध → संभावित खतरों को रोकना
  eg- CAA विरोधी प्रदर्शन (सफूरा जरगर छात्र को)
- वैश्विक प्रतिबद्धताएँ - UN कन्वेंशन
- प्रभावी अभियोजन : मुकदमा चलाने में मदद
  eg- अजमल कसाब

-ve तर्क :-

- मौलिक अधिकारों का उल्लंघन
  - ↳ अभिव्यक्ति, संगठन बनाने, एकत्र होने
- अधिकारियों द्वारा सत्ता दुरुपयोग
- संघीय ढांचे के विरुद्ध
  - ↳ राज्य सरकारों के अधिकारों पर अतिक्रमण
- कम दोषसिद्धी दर

Related केस

- ↳ अरूप भूयान बनाम असम राज्य (2011
- ↳ पीपुल्स यूनियन फॉर सिविल लिबर्टीज बनाम भारत संघ 2004
- ↳ भारत संघ बनाम के.ए. नजीब 2021 मामला

आगे की राह :- संवैधानिक सुरक्षा उपायों का कार्यान्वयन

- विशिष्ट परिभाषाएँ → स्पष्ट करें

- विधि की उचित प्रक्रिया का पालन करना
- समीक्षा तंत्र स्थापित करें
  - ↳ सरकार के फैसलों की निगरानी
- कानून का उपयोग अंतिम उपाय के रूप में करें

⇒ सुरक्षा और नागरिक स्वतंत्रता के बीच संतुलन ≡ प्रभावी आतंकवाद - निरोधक रणनीति

AFSPA : सशस्त्र बल (विशेष शक्तियाँ) एक्ट 1958

- यह एक फौजी कानून है जिसे डिस्टर्ब एरिया में लागू किया जाता है।
- यह कानून सुरक्षा बलों को कुछ विशेष अधिकार जैसे बिना वारंट तलाशी लेना, गिरफ्तार करना, विशिष्ट परिस्थितियों में चेतावनी देने के बाद गोली चलाने का अधिकार देता है।
- अशांत क्षेत्र :- विभिन्न धार्मिक, नस्लीय, भाषा क्षेत्रीय समूहों, जाति एवं समुदायों के बीच मतभेद या हिंसात्मक विवादों के कारण
- राज्य एवं केन्द्र सरकार किसी भी क्षेत्र को अशांत क्षेत्र घोषित कर सकती है।

Note :- नागा विद्रोही को दबाने के लिए यह कानून पहली बार 1958 में लागू

अब लागू - असम, नागालैंड, मणिपुर, अरूणाचल प्रदेश

पक्ष में :- सुरक्षा चुनौतियों का समाधान करना
- सुरक्षा बलों को सशक्त बनाना
- कर्मियों को कानूनी सुरक्षा
- सुरक्षा कर्मियों का मनोबल बढाना

विपक्ष :- राज्य की स्वायत्तता का उल्लंघन [धारा (3) बिना राज्य की सहमति से]
- नागरिक स्वतंत्रता का उल्लंघन
- बल का अत्यधिक प्रयोग
- जवाबदेही का अभाव
- दुर्व्यवहार के साक्ष्य

विवाद :- मानवाधिकारों का उल्लंघन
(II ARC ने निरस्त करने की सिफारिश की)
- संतोष हेगड़े आयोग
- जीवन रेड्डी समिति
  - → AFSPA को निरस्त
  - → UAPA 1967 में उचित प्रावधान शामिल किए जाने चाहिए।
- नागा पीपुल्स मूवमेंट of human Rights बनाम यूनियन ऑफ इंडिया (1998)

SC :- AFSPA की संवैधानिकता को बरकरार रखा

- न्यायमूर्ति वर्मा समिति
  ↳ संघर्ष क्षेत्रों में (महिलाओं के विरुद्ध अपराधों पर)
  कहा कि अफस्पा यौन हिंसा के लिए दंड से मुक्ति को वैध बनाता है।

  उदा. – कुनान पोशपोरा घटना
  मणिपुर में थंगजाम मनोरमा मामला

आगे की राह :- केन्द्र-राज्य सरकार के समन्वित प्रयास

- अंतिम समाधान राजनीतिक है → त्रिपुरा, मिजोरम
- देश को बुलेट के दम पर चलाने की जरूरत नहीं है।
- मानवाधिकारों का पालन
- मजबूत सुरक्षा उपाय
- कानून में अस्पष्टता को दूर करना
- स्वतंत्र जाँच
- पारदर्शिता सुनिश्चित करना

⇒ हाइब्रिड वारफेयर → बहुडोमेन युद्ध (बहुक्षेत्रीय)
  ↳ न्यूनतम प्रयास में अधिकतम क्षति

उद्देश्य :- खुली शत्रुता में शामिल हुए बिना प्रतिद्वन्दी के कार्यों को बाधित और अक्षम करना

- 4th पीढ़ी के युद्ध (eg) ड्रोन को शारीरिक रूप से मार गिराने की बजाय ड्रोन संचालन को बाधित करने के लिए जैमिंग, लेजर या EMW का use

(eg) → चीन की "थ्री वारफेयर स्ट्रेटेजी"

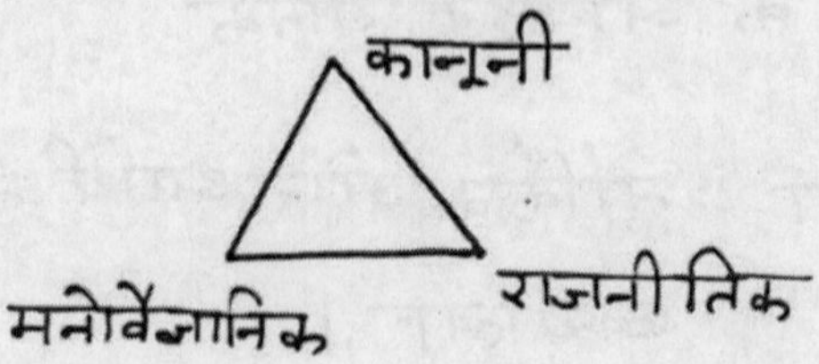

- लेबनान → पेजर ब्लास्ट
- रूस-युक्रेन वार → साइबर हमला, फेकन्यूज, दुष्प्रचार
- इजरायल-फिलिस्तीन संघर्ष
  - → मनोवैज्ञानिक युद्ध (साइ वॉर्स)
    - → देश के नागरिक ताने-बाने को बिगाड़ रहा है
    - → नागरिक समाज के दिमाग को नियंत्रित
- युरोप में लोन वुल्फ Attack, मुंबई हमला 2008
- इसमें आमतौर पर गैर राज्य अभिकर्ता शामिल होते हैं।
- target → जो अत्यधिक संवेदनशील हो।

गतिविधियाँ
- → डीपस्टेट
- → राजनीतिक (eg → सीरिया में ईरान की गतिविधियाँ)
- → आर्थिक नीतियों को प्रभावित करना
- → कूटनीतिक दबाव (eg- यूक्रेन संघर्ष में रूस द्वारा गैस और ऋण उपकरणों का use)
- → आर्थिक हेर-फेर (चीन-कोविड महामारी में)
- → Fake News
- → चुनावी प्रक्रिया में हेरफेर एवं हस्तक्षेप

⇒ हाइब्रिड युद्ध के कारण

- सामरिक लाभ - किसी भी युद्ध की घोषणा के बिना राजनीतिक, सैन्य, आर्थिक उद्देश्यों को प्राप्त करने में मदद

  eg) रूस के अचिह्नित सैनिक

- लागत प्रभावशीलता : तार्किक और आर्थिक रूप से कम खर्चीला।

  eg) अमेरिका द्वारा ईरान पर प्रतिबंध

- तकनीकी उन्नति → साइबर क्षमताओं + AI + डिजिटल संचार उपकरण आदि के उदय ने प्रत्यक्ष सैन्य टकराव के बिना युद्ध के गैर-पारंपिक तरीको जैसे साइबर हमले और दुष्प्रचार अभियान आदि को संभव बनाया है।

  eg) रूस द्वारा युक्रेन के खिलाफ साइबर Attack

- गैर राज्य अभिनेताओं और छद्म युद्ध का उदय
  ↳ आतंकवादी समूह, मिलिशिया, साइबर योद्धा)

  eg) ईरान द्वारा हथियारों की तस्करी के माध्यम से यमन के हुती विद्रोहियों को समर्थन

भारत के लिए हाइब्रिड युद्ध खतरा ?

- लोकतंत्र को कमजोर करना (मीडिया, सामाजिक नेटवर्क)
- गलत सूचना और फर्जी खबरे

- आतंकवाद की बदलती प्रवृत्ति
- आर्थिक युद्ध → इलेक्ट्रॉनिक सामान, API आदि का चीन से आयात
  - ↳ आपूर्ति श्रृंखला को खतरा
- महत्वपूर्ण बुनियादी ढाँचे के लिए खतरा

  उदा: - कुडनकुलम परमाणु ऊर्जा संयंत्र पर साइबर हमले

  उदा. - 2020 में मुंबई ग्रिड पर कथित रूप से चीनी मेलवेयर हमला
- आंतरिक विद्रोह

  (eg) LWE पूर्वोत्तर में जातीय संघर्ष
- बाह्य खतरे - (eg) चीन ग्रे-zone रणनीतियों में माहिर
- शत्रुतापूर्ण पडोसी और गैर राज्यीय तत्व

  (eg) पाकिस्तान (Proxy war)

⇒ हाइब्रिड युद्ध के प्रति भारत की तैयारी

- रक्षा क्षमताओं का आधुनिकीकरण
  - → दुर्गा-II प्रोजेक्ट (DRDO)
  - → रक्षा स्वदेशीकरण पहल
- संरचनात्मक सुधार और संस्थाओं की स्थापना
  - → CDS
  - → डिफेंस AI प्रोजेक्ट एजेंसी
  - → डिफेंस AI काउंसिल
- साइबर सुरक्षा उपाय

  (eg) → 2021 में रक्षा साइबर एजेंसी का गठन

- अन्तर्राष्ट्रीय साझेदारियाँ
  - (eg)→ क्वाड, USA के साथ सैन्य सूचना समझौते GSOMIA

- संसदीय समीक्षा → रक्षा संबंधी संसदीय स्थायी समिति (2024)
  - साइबर सुरक्षा
  - ड्रॉन रोधी प्रौद्योगिकी
  - उन्नत प्रणालियों का एकीकरण

आगे की राह →
- क्षमता निर्माण - सशस्त्र कर्मियों की तकनीकी दक्ष
  - साइबर पुलिस
  - विशेषज्ञ

- राष्ट्रीय सुरक्षा रणनीति का अंग बनाना (अलग से एक प्रभाग का गठन हाइब्रिड वारफेयर के लिए)

- सक्रिय दृष्टिकोण → SMART शक्ति का USE
  → Track - II डिप्लोमेसी

- समग्र दृष्टिकोण

Note :- **ग्रे जोन युद्ध** :- में युद्ध के पारंपरिक तरीके से अलग गैर परम्परागत युद्ध नीति और रणनीतियों का उपयोग किया जाता है।

(eg) चीन ताइवान के खिलाफ

• सलामी स्लाइसिंग नीति

→ जिसमें बहुत ही क्रमिक रूप से सीमा क्षेत्र पर कब्जा किया जाता है।

→ प्रतिद्वन्दी की अधिकतम सहन सीमा का परीक्षण हो जाता है।

चीन द्वारा South china Sea में

• यह युद्ध कई जगहों या स्तरों पर लड़ा जाता है।

घटक

- सैन्य धमकी + अनियमित युद्ध
- साइबर ऑपरेशन (हैकिंग, डाटा चोरी, डाटा हेर-फेर) दुष्प्रचार साइबर जासूसी उदा. मुंबई पावरग्रिड हमला
- सूचना युद्ध
  - → जनता की राय को आकार देना
  - → समाज में विभाजन
  - eg फेक न्यूज, सोशल मीडिया
- राजनीतिक अस्थिरता को प्रमोट उदा. - श्रीलंका, नेपाल बांग्लादेश
- आर्थिक दबाव
  - → व्यापार प्रतिबंध
  - → वित्तीय बाजारों में हेरफेर
  - उदा. चीन ने ऑस्ट्रेलिया के खिलाफ
- Proxy बलों को समर्थन
  - उदा. - भारत में नक्सली समूहों को विदेशी एजेंसियों से मिलने वाला समर्थन

आगे की राह

- → थिएटर कमांड का गठन (संसाधनों का बेहतर use)
- → क्षमता को बढावा देना
- → सक्रिय निगरानी और प्रारंभिक चेतावनी प्रणालियों की स्थापना
- → क्षमता प्रदर्शन के जरिए अपनी ताकत दिखाना-

डीपस्टेट :- राज्य के भीतर छिपा हुआ राज्य

→ अनौपचारिक सत्ता तंत्र है जो सरकार या लोकतांत्रिक संस्थाओं के ऊपर से तो नहीं दिखता, लेकिन अंदर ही अंदर नीतियों, फैसलों और सत्ता तंत्र पर प्रभाव डालता है।

शामिल

ब्युरोक्रेसी | खुफिया ऐजेंसियाँ | सेना | मीडिया | कॉरपोरेट लॉबी

(eg) पाकिस्तान में सेना और ISI (सरकार से भी ज्यादा ताकतवर)

USA में CIA, पेंटागन (कंपनी)

(eg) बांग्लादेश में सरकार को हटाने के लिए USA डीपस्टेट को दोषी ठहराया जा रहा है।

भारत का रक्षा क्षेत्र

- भारत का रक्षा निर्यात (2023-24) : 21083 करोड़ रु. (32.5% ↑)
- निजी क्षेत्रक ने रक्षा निर्यात में लगभग 60% का योगदान
- रक्षा उत्पादन में PSU योगदान - 79.2%
  निजी क्षेत्र - 20.8%
- 1.4m कर्मियों के साथ भारत के पास दुनिया की दूसरी सबसे बड़ी सैन्य शक्ति है।

- ग्लोबल फायरपावर Index 2022 Report - चौथी सबसे बड़ी शक्तिशाली सेना
- SIPRI Report 2025
  - ↳ भारत सबसे बड़ा हथियार आयातक
    - ↳ रूस भारत का सबसे बड़ा आपूर्तिकर्त्ता
      - (ii) फ्रांस
  - ↳ पाकिस्तान के हथियार आयात में 61% वृद्धि

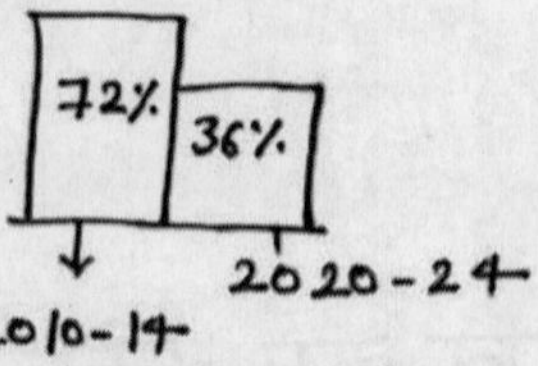

  - ↳ USA सबसे बड़ा हथियार निर्यातक
  - ↳ भारत की आयात हिस्सेदारी में कमी
    2020-24 में घटकर 8.3% रह गई।
- बजट 2024-25 में रक्षा के लिए 6.21 लाख करोड़ रूपये आवंटित (8% GDP)
- रक्षा मंत्रालय ने 2025 को "सुधारों का वर्ष" के रूप में मनाये जाने की घोषणा की।

सुधारों का वर्ष पहचाने गये क्षेत्र

- एकीकृत थिएटर कमान
- नई प्रौद्योगिकियाँ और नए युद्ध क्षेत्र (AI, ML, हाइपरसोनिक प्रौद्योगिकी हस्तांतरण PPP मॉडल)
- प्रौद्योगिकी हस्तांतरण और ज्ञान साझा करना
- R&D
- रक्षा निर्यात

रक्षा का स्वदेशीकरण

- किसी देश के भीतर रक्षा उपकरणों के विकास और विनिर्माण की प्रक्रिया है।

कदम
- FDI
- सकारात्मक स्वदेशीकरण सूची
- IDEX
- ऐरो इंडिया 2023
- INS विक्रांत
- प्रचंड हेलीकॉप्टर
- बजट ↑
- डिफेंस इंडिया स्टार्टअप चैलेंज
- रक्षा EXIM पोर्टल

- **आयात कम करने हेतु पहलें**

- बजट 2024-25 रक्षा हेतु 6.21 लाख करोड़ ₹ आवंटित
  - ↳ 75% पूंजीगत खरीद घरेलू निर्माताओं के लिए आरक्षित
  - → भारतीय विक्रेताओं से खरीद को सुविधाजनक बनाने के लिए संयुक्त कार्रवाई के माध्यम से आत्मनिर्भर पहल (सृजन) Portal शुरू
- रक्षा उत्पादन और निर्यात संवर्धन नीति
- रक्षा उत्पादन ↑ 1.27 लाख करोड़ ₹

  target 2025 : 1.75 लाख करोड़ रुपये

  (2014-15 से 174% की वृद्धि
- सकारात्मक स्वदेशीकरण सूचियाँ जारी → आयात पर → इनका उत्पादन भारत में हो
  - ↳ "खरीदें" जैसी श्रेणी शुरू

- निजी क्षेत्र को बढावा
  ↳ मेक - I, मेक - II Project
- रक्षा औद्योगिक गलियारे → उत्तरप्रदेश एवं तमिलनाडु
- निजी क्षेत्र एवं FDI → रक्षा विनिर्माण में स्वचलित मार्ग से 74% प्रत्यक्ष FDI
  → सरकारी मार्ग से 100%.
- रक्षा अधिग्रहण प्रक्रिया 2020
- 16 DPSU (eg) BEL, HAL + IDEX पहल + SAMAR मूल्यांकन पत्र

चुनौतियाँ
- आयात पर उच्च निर्भरता
- निजी क्षेत्र की भागीदारी की कमी
  ↳ 21% ही
- आधुनिक प्रौद्योगिकी की कमी
- R&D पर कम निवेश
- हितधारको के बीच गठबंधन की कमी (रक्षा मंत्रालय v/s औद्योगिक संवर्धन मंत्रालय)

उपाय
- निजी क्षेत्र की भूमिका ↑
- रक्षा औद्योगिक गलियारे ↑
  ↳ MSME की भूमिका ↑
- रक्षा प्रकोष्ठ सेल
  ↳ सभी प्रक्रियाएँ
- नीति निर्माण में रक्षा उद्यमियों को शामिल करना।

- विश्व के रक्षा बाजार का दोहन
  ↙ नए निर्यात बाजारों की खोज ↘ Export ↑

- R & D ↑ + आधुनिक तकनीक ↑ → 3D प्रिंटिंग, क्वांटम कंप्यूटिंग, हाइपरसोनिक, साइबर रक्षा, AI
  ↓
  DRDO + निजी उद्योग + स्टार्टअप + शिक्षा जगत + वैश्विक प्रौद्योगिकी फर्म

- सामरिक वैश्विक साझेदारी
  ↳ संयुक्त विकास और प्रोद्योगिकी हस्तांतरण समझौते eg फ्रांस (राफेल), रूस (ब्रह्मोस)
  ↳ क्वाड और I2U2 संगठनों का लाभ

रक्षा क्षेत्रक में प्रौद्योगिकी

- रोबोट, ड्रोन, नैनो तकनीक, ब्लॉक चैन, क्लाउड कम्प्युटिंग, AI, Big data, डायरेक्ट एनर्जी वेपन, ड्रोन, 5G+6G हथियार

आवश्यकता क्यों ?

- फ्रंटियर टेक्नोलॉजी → तेजी से विकसित हो रही
- हाइब्रिड का युद्ध (4th पीढी युद्ध)
- रक्षा बलों की संचालन क्षमता में वृद्धि
- रक्षा उत्पादन और निर्यात के लक्ष्य को प्राप्त करना
  target 2028-29 उत्पादन 3 लाख करोड ₹
  रक्षा निर्यात = 50000 Cr.

- नई डिजिटल तकनीकों का उदय

  (eg) माइक्रो इलेक्ट्रॉनिक्स, सटीक हमला प्रणाली

  लोइटर म्यूनिशन

- सैन्य श्रेष्ठता और सामरिक प्रतिस्पर्धा को बनाए रखना

  (USA & China)

  6G हथियार

- क्षेत्रीय सुरक्षा बनाए रखना

<u>चुनौतियाँ</u> :-

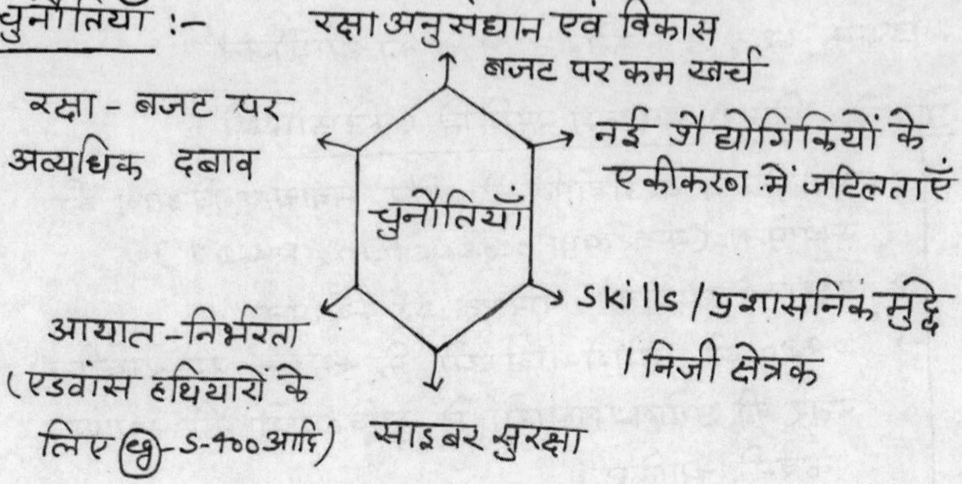

<u>Govt. पहल</u> :-

- IDEX (अदिति) योजना, अदिति 2.0
- रक्षा अधिग्रहण प्रक्रिया 2020 → आधुनिकीकरण से संबंधित सभी आवश्यकताओं की पूर्ति घरेलू स्तर पर ही की जायेगी
- मिशन शक्ति (A-SAT)

  ↳ 'हिट टू किल' Mode
- सिग्नल टेक्नोलॉजी इवेल्युएशन एंड एडॉप्शन ग्रुप (STEAG)

  ↳ थल सेना ने एक विशिष्ट प्रौद्योगिकी इकाई

  ↳ AI, इलेक्ट्रॉनिक वारफेयर सिस्टम, 6G नेटवर्क

- भारतीय नौसेना स्वदेशीकरण योजना (2015-2030)
  - ↳ SPRINT पहल
- व्यापक एकीकृत सीमा प्रबंधन प्रणाली (CIBMS)
  - ↳ BOLD-QT - दिन-रात तकनीक use
- प्रोजेक्ट आकाशतीर
  - ↳ भारतीय थल सेना ने स्वचालित वायु रक्षा नियंत्रण और रिपोर्टिंग प्रणाली
- SMART प्रणाली + संजय system + प्रोजेक्ट उद्भव
- डिस्क 12, डेफकनेक्ट 4.0 का आयोजन
- प्रो. के. विजय राघवन समिति (सिफारिशें)
  - → रक्षा विज्ञान व प्रौद्योगिकी और नवाचार विभाग की स्थापना (स्टार्टअप ecosystem, R&D ↑)
  - → रक्षा प्रौद्योगिकी परिषद की स्थापना
  - → DRDO की प्रयोगशालाओं के स्थान पर राष्ट्रीय स्तर की प्रयोगशालाओं में सुविधाओं की स्थापना करनी चाहिए।
  - → विनियामकीय और खरीद प्रक्रियाओं को सुव्यवस्थित करना चाहिए
  - → निजी क्षेत्रक ↑
  - → विशेषज्ञ अधिकारियों एवं साइबर विशेषज्ञों जैसे विशेष कैडर का निर्माण करना चाहिए।

ड्रोन और आंतरिक सुरक्षा

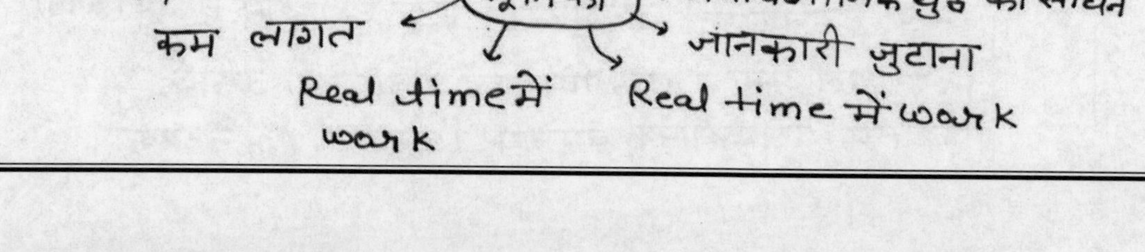

- भारतीय नौसेना स्वदेशीकरण योजना (2015-2030)
  - ↳ SPRINT पहल
- व्यापक एकीकृत सीमा प्रबंधन प्रणाली (CIBMS)
  - ↳ BOLD-QT - दिन-रात तकनीक use
- प्रोजेक्ट आकाशतीर
  - ↳ भारतीय थल सेना ने स्वचालित वायु रक्षा नियंत्रण और रिपोर्टिंग प्रणाली
- SMART प्रणाली + संजय system + प्रोजेक्ट उद्भव
- डिस्क 12, डेफकनेक्ट 4.0 का आयोजन
- प्रो. के. विजय राघवन समिति (सिफारिशें)
  - → रक्षा विज्ञान व प्रौद्योगिकी और नवाचार विभाग की स्थापना (स्टार्टअप ecosystem, R&D ↑)
  - → रक्षा प्रौद्योगिकी परिषद की स्थापना
  - → DRDO की प्रयोगशालाओं के स्थान पर राष्ट्रीय स्तर की प्रयोगशालाओं में सुविधाओं की स्थापना करनी चाहिए।
  - → विनियामकीय और खरीद प्रक्रियाओं को सुव्यवस्थित करना चाहिए
  - → निजी क्षेत्रक ↑
  - → विशेषज्ञ अधिकारियों एवं साइबर विशेषज्ञों जैसे विशेष कैडर का निर्माण करना चाहिए।

ड्रोन और आंतरिक सुरक्षा

भूमिका
- → मानवयुक्त विमानों का विकल्प
- → कम लागत
- → Real time में work
- → Real time में work
- → सटीक निशाना लगाने में
- → मनोवैज्ञानिक युद्ध का साधन
- → जानकारी जुटाना

Govt. पहल • काउंटर ड्रोन सिस्टम (D4 सिस्टम)

- एंटी रॉग ड्रोन टेक्नोलॉजी कमेटी
- जनजागरूकता बढाना → सीमावर्ती क्षेत्रों में (BSF)
- ड्रोन-रोधी सिस्टम की तैनाती
- मैपिंग करना (खतरे वाले क्षेत्र की)
- ड्रोन Rule 2021 → Red zone

सुरक्षा संबंधी खतरे
- ड्रोनों का हथियार के रूप में use
- ड्रोन स्वार्म्स
- सीमा पार तस्करी और अवैध व्यापार
- महत्वपूर्ण अवसंरचना में व्यवधान
- निजता का उल्लंघन

ड्रोन प्रौद्योगिकी → लक्ष्य और निशांत (DRDO)
→ ब्लैक काइट, पुष्पक (mini UAV)
→ DRDO नेत्र - निगरानी
→ DRDO रुस्तम
→ MQ9B

- एडेप्टिव डिफेंस रणनीति :- ऐसा रणनीतिक दृष्टिकोण है जिसके तहत किसी देश के सैन्य और रक्षा तंत्र को लगातार उभरते खतरों का प्रभावी ढंग से सामना करने के लिए विकसित किया जाता है।

USE
→ Information वारफेयर
→ अवैध जीन एडिटिंग
→ बायो मालवेयर

⇒ AI और रक्षा

(इवैल्युएटिंग ETAI फ्रेमवर्क ट्रस्टवर्दी)

पाँच सिद्धान्त
- → विश्वसनीयता और मजबूती
- → सुरक्षा और संरक्षा
- → पारदर्शिता
- → निष्पक्षता
- → निजता की सुरक्षा

↓

जोखिम आधारित एक मूल्यांकन महत्व है

↳ 6G हथियारों में उपयोग

AI का महत्व
- शीघ्र व सटीकता से हमले / पहचान
- लक्ष्य पहचान में
- रियल टाइम डाटा विश्लेषण में
  - (eg) प्रोजेक्ट मावेन - USA की पहल
    ↓
    डेटा एकत्र
- वॉर सिमुलेशन और प्रशिक्षण में
  ↳ (जनरेटिव AI नई प्रशिक्षण सामग्री तैयार)
- साइबर हमलों से सुरक्षा
  - (eg) इंडियन आर्मी का "प्रोजेक्ट सीकर"
- अपराधों का पूर्वानुमान + अपराधियों पर नजर

*** रक्षा क्षेत्र में AI इस्तेमाल से संबंधित समस्याएँ**

- गैर राज्य अभिकर्ताओं द्वारा Use
  ↳ अपराधी और आतंकवादी योजनाबद्ध हमलों के लिए जनरेटिव AI मॉडल का Use कर सकते हैं।

उदा. इस्लामिक स्टेट ने जनरेटिव AI टूल का उपयोग करने के लिए एक गाइड जारी किया है।

- सोशल इंजिनियरिंग
  → AI सोशल मीडिया एल्गोरिदम में हेरफेर करके लक्षित समूहों को कट्टरपंथ को अपनाने में

उदा. टेलीग्राम पर AI द्वारा निर्मित नव-नाजी कंटेंट शेयर करना

- नए मालवेयर का निर्माण

  उदा. - ब्लैक मांबा AI द्वारा उत्पन्न एक मालवेयर है।

- कोई विशिष्ट Int. कानून नहीं है।

- निगरानी संबंधी कार्यों में AI के उपयोग से गोपनीयता के उल्लंघन की चिंता

  उदा. चीन द्वारा फेशियल रिकग्निशन सर्विलांस सिस्टम का use उइगर मुसलमानों की निगरानी का कार्य

नैतिक चिंताएँ - • स्वचालन पूर्वाग्रह → Target और नागरिकों के बीच अंतर नहीं कर पाते
- मानव लक्ष्यों का वस्तुकरण

Govt. पहल - • डिफेंस AI काउंसिल
- डिफेंस AI प्रोजेक्ट एजेंसी
- 75 नई AI प्रौद्योगिकियों का शुभारंभ

- C-DOT का त्रिनेत्र
  ↳ AI Based स्वदेशी और एकीकृत साइबर सुरक्षा प्लेटफार्म है।

Int level :-

- अन्तर्राष्ट्रीय रेड क्रॉस समिति → मानदंडों एवं नियमों के एक व्यापक सेट एवं बाध्यकारी सेट

- ऑपरेशन सर्वशक्ति
  - J&K में आतंकवादी को निशाना

* भारत में तस्करी Report 2023-24
  ↳ राजस्व आसूचना निदेशालय

- नारकोटिक्स और साइकोट्रोपिक पदार्थ
  ↳ एजेंसियो द्वारा जब्त की मात्रा में वृद्धि
  ↳ 8223 kg जब्त

- आयात में धोखाधड़ी - 600 Cr

- सोने की तस्करी → "हब एंड स्पॉक" मॉडल पर संचालित

जिम्मेदार कारक →
- भोगोलिक स्थिति और सीमाएँ → डेथ ट्रायंगल, डेथ क्रिसेंट
- बाजार की मांग - UAE/सऊदी अरब
- अनूठे तरीके - डार्कनेट और क्रिप्टो
- कानून की कमियों का इस्तेमाल → FTA का दुरुपयोग
- अन्तर्राष्ट्रीय नेटवर्क

पहल - • कानून प्रवर्तन को मजबूत करना

• वन्यजीव संरक्षण Act 2023 (संशोधन)

• विदेश व्यापार महानिदेशालय

• NDPS Act 1985

• सीमा शुल्क सहायता समझौते

• UNODC

• इंटरपोल के साथ कार्य

• CITES

• ऑपरेशन सेशा में भारत भाग

⇒ आंतरिक सुरक्षा के समक्ष उत्पन्न चुनौतियाँ

• नक्सलवाद
• सीमा प्रबंधन
• भ्रष्टाचार
• मादक द्रव्य व्यापार
• पूर्वोत्तर में उग्रवाद
• मनी लॉन्ड्रिंग
• आतंकवाद
• संगठित अपराध
• अलगाववादी आंदोलन
• अवैध प्रवासन
• साइबर संचालित अपराध
• उभरती तकनीकी / प्रौद्योगिकी
• सीमापार आतंकवाद
• समुद्री सुरक्षा + तटीय सुरक्षा
• भू राजनीतिक तनाव

⇒ साइबर वारफेयर → ऑपरेशन सिंदूर के बाद ↑

↳ अक्सर युद्ध का पाँचवा आयाम

उदा. - 2020 मुंबई पावर ग्रिड पर हमला - चीनी हैकर समूह

उदा. - 2009 में घोस्टनेट नामक एक संदिग्ध साइबर जासूसी नेटवर्क

<u>उद्देश्य</u> :- महत्वपूर्ण अवसंरचनाओं, कंप्यूटर प्रणालियों, डेटा और नेटवर्क को बाधित करना, क्षतिग्रस्त करना या उन तक अनधिकृत पहुँच प्राप्त करना है

→ अर्थव्यवस्था · सुरक्षा · सैन्य क्षमताओं को भारी नुकसान

इसके Feature / परंपरागत वार से:
- ↑ Low cost of Attack
- ← सीमा-पार
- → difficult to trace
- ↓ अनामिता

⇒ <u>भारत के लिए संवेदनशील खतरे</u>

- डेटा उल्लंघन

  <u>उदा.</u> - 2020 में 2.9 Cr भारतीयों के डाटा वेब पर बेचे गए

- महत्वपूर्ण बुनियादी ढाँचे पर हमले

  <u>उदा.</u> कुडनकुलम परमाणु संयंत्र

  → SPACE, defence, Banking and finance + egovernance + Water & power को निशाना

- साइबर जासूसी

  उदा. – राज्य प्रायोजित हमले

  – पाकिस्तान में चलाया गया ओप. हैंगओवर (सैन्य + राजनायिक + कॉरपोरेट संस्थाओं को निशाना)

- फिशिंग और सोशल इंजिनियरिंग हमले + साइबर आतंकवाद (eg) ISIS

<u>India पहल</u> → IT act 2000

- राष्ट्रीय साइबर सुरक्षा नीति 2013
- CERT-IN + NCIIPC
- Int. सहयोग
- PPP मॉडल

<u>सूचना युद्ध</u> :- सूचना का उपयोग एक उपकरण के रूप मे करना है जो किसी विरोधी के निर्णय को प्रभावित करने, बाधित करने या उसमें हेरफेर करने के लिए किया जाता है।

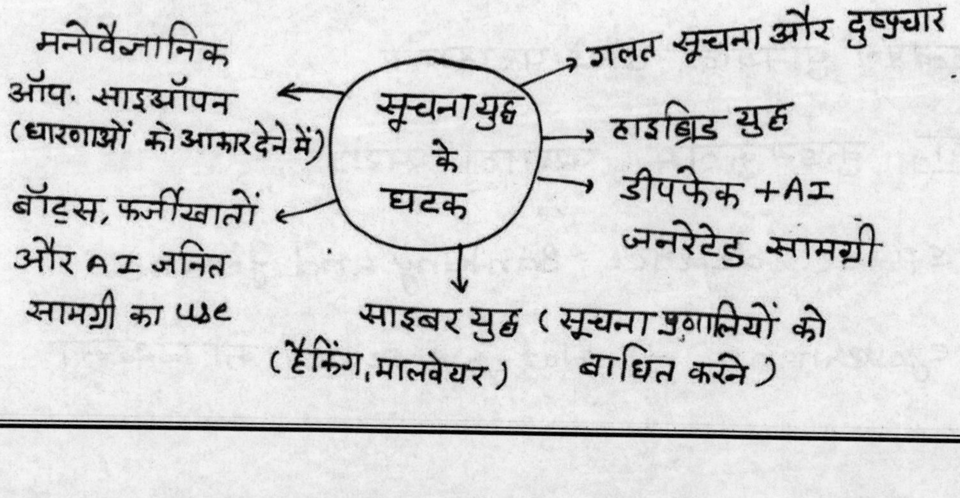

आंतरिक सुरक्षा के लिए खतरा

- सांप्रदायिक और सामाजिक अशांति → फर्जी खबरें, भड़काऊ भाषण / सामग्री, हिंसा, दंगे और ध्रुवीकरण को बढा सकते हैं।

उदा. भारत (2018) में भीड़ हिंसाएँ
वाट्सएप से फेक न्यूज

- कट्टरपंथ और अतिवाद

उदा. ISIS → भर्ती, प्रचार

J&K में टेलीग्राम का Use

- चुनाव में हस्तक्षेप और राजनीतिक अस्थिरता
  ↳ डीपफेक वीडियो और फर्जी सोशल मीडिया अभियान मतदाताओं की धारणाओं को प्रभावित कर सकते हैं।

  eg भारतीय आम चुनाव 2024

- महत्वपूर्ण बुनियादी ढाँचे के लिए साइबर खतरे

  eg मुंबई 2020 ब्लैक आउट

- महामारी और स्वास्थ्य संकट में फर्जी खबरे

  eg COVID-19 में उपचार और टीकों के बारे में Fake News (बांझपन हो जाएगा)

- आर्थिक व्यवधान और बाजार हेरफेर
  - → वित्तीय धोखाधड़ी
  - → Fake news निवेशकों के विश्वास को कमजोर करती है।

उपाय :- • साइबर सुरक्षा और डिजिटल विनियमों को मजबूत करना।
  उदा. IT Act 2000

- राष्ट्रीय सुरक्षा नीति के अन्तर्गत साइबर सुरक्षा ढाँचे को बढाना।
- तथ्य जाँच तंत्र और AI आधारित जाँच
  - उदा. PIB फेक्ट चेक
  - → डीपफेक और गलत सूचनाओं का पता लगाने के लिए AI और मशीन लर्निंग का use करें
- सोशल मीडिया प्लेटफॉर्म को विनियमित करना
  - उदा. IT नियम 2021 के तहत फर्जी समाचार स्त्रोतों की सामग्री मॉडरेशन और ट्रेसबिलिटी अनिवार्य है।
  - → मेटा, ट्विटर, whatsapp टेक कंपनियों से सहयोग
- जागरूकता + डिजिटल साक्षरता + Int सहयोग + वैश्विक साइबर सुरक्षा एजेंसियों (Interpol) के साथ सहयोग करें।

आंतरिक सुरक्षा संबंधित कमेटियाँ / Example / Case study / Keyword / Model / SDG / Int. प्रयास etc.

- "युद्ध का नया मोर्चा वही है जिसे आप नागरिक समाज कहते हैं → NSA अजीत डोभाल

- PM मोदी भारत की सुरक्षा के तीन प्रमुख सिद्धान्त
  - निर्णायक प्रतिकार
  - परमाणु ब्लैकमेल के लिए शून्य सहनशीलता
  - आतंकवादियों और उनके प्रायोजकों के बीच कोई भेद नहीं

LWE

- एडवांस पंचायत अभियान
  ↳ माओवाद मुक्त पंचायतों के लिए (471 करोड़ रुपये)

- नक्सलवाद CASE Study

छत्तीसगढ़ : बालाघाट समन्वित प्रयास

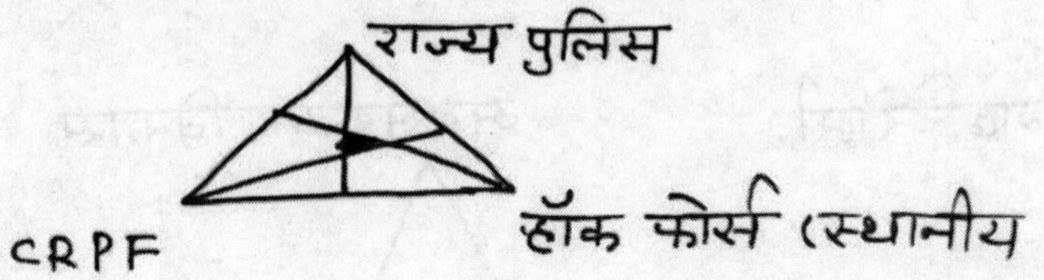

⇓

माओवादियों का उन्मूलन
और
हथियारों की जब्ती

- सलवा जुडुम → सतर्कता आंदोलन
  → बड़े पैमाने पर मृत्यु और नरसंहार.
  ↓
  → अनुच्छेद-21 का उल्लंघन
  नंदिनी सुंदर मामला → असंवैधानिक

- रेड कोरिडोर में महिलाएँ
  ↓
  माओवादी कैडर में 60% भागीदारी

- 5th अनुसूची

- मूंगेकर आयोग / काका समिति
  (सुधारात्मक उपाय हो)

- B.K रॉय बर्मन समिति

- वन अधिकार Act की समस्याएँ
  - अपरिभाषित शब्द वन संरक्षण एक्ट से टकराव
  - केवल 40% दावे
  - सामुदायिक वन अधिकारों का उल्लंघन
  - प्रक्रिया पूर्ण होने से बेदखली

(eg) गढचिरौली

अवसंरचना विकास

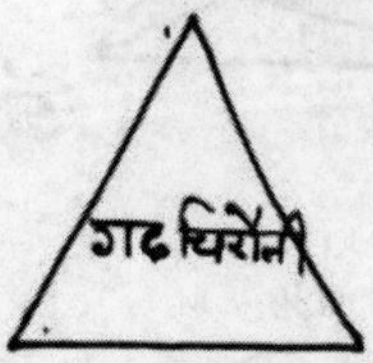

सामुदायिक वन अधिकारों की मान्यता

आत्मसमर्पण कर चुके माओवादियों का पुनर्वास

पूर्वोत्तर भारत :— हिंसक घटनाओं में 70% कमी

- पूर्वोत्तर क्षेत्र के लिए बजट में 2014-15 से अब तक 153% की वृद्धि हुई है।

EAST (PM) →
- Empower
- Act
- Strength
- Transform

- एक्ट ईस्ट, एक्ट फास्ट और एक्ट फर्स्ट ≡ HM

J&K :—

प्रेरक कारक →
- राजनीतिक कारक →
  - स्वायत्तता और आत्मनिर्णय
  - राजनीतिक अस्थिरता
  - चुनावी धांधली
- सामाजिक आर्थिक कारक
- ऐतिहासिक कारक
- बाह्य कारक
- सांस्कृतिक और पहचान संबंधी कारक

पहले :—

सुरक्षा ←
- सुरक्षा संबंधी व्यय योजना
- ग्राम रक्षा समूह योजना (सामुदायिक पुलिसिंग)
- भारतीय आरक्षित वाहिनी
- नेशनल मेमोरी बैंक → आतंकवाद रोधी संबंधी जानकारी

- प्रधानमंत्री विकास पैकेज
- बैक टू विलेज कार्यक्रम
- युवा स्वयंसेवक कार्यक्रम
- आवाम की आवाज कार्यक्रम

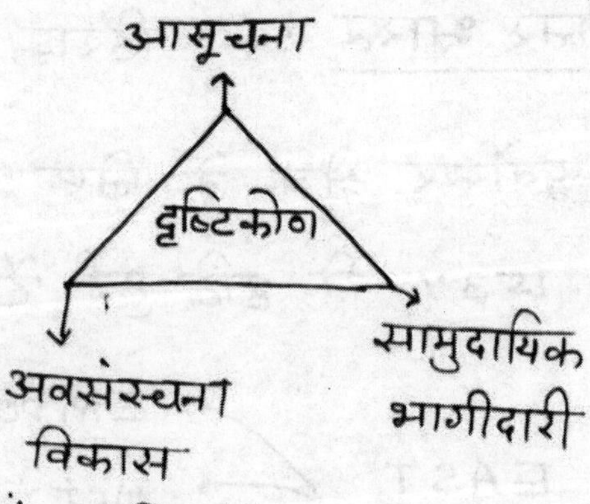

- स्थानीय फुटबॉल क्लब (आफशां आशिक)

⇒ **धनशोधन**

नवीनतम तकनीकें →
- साइबर अपराध
- क्रिप्टोकरेंसी का use
- नॉन फंजीबल टॉकन (NFT)
- बीमा क्षेत्र
- व्हाइट हवाला अंतरण

वैश्विक पहल :- अन्तर्राष्ट्रीय धन शोधन सूचना नेटवर्क

- वोल्फसबर्ग AML सिद्धान्त
- धन शोधन पर एशिया-प्रशांत समूह
- UNGPML

⇒ **संगठित अपराध :-**

आतंकवाद और संगठित अपराध के बीच संबंध –

→ वित्तपोषण → उदा. तालिबान हेरोइन व्यापार

→ लॉजिस्टिक और समर्थन – उदा.- अलकायदा
- उत्तर अफ्रीका मार्ग
- मुंबई हमलों की लॉजिस्टिक

→ हथियारों का दुर्व्यापार
  उदा:- हिजबुल्ला, अन्तर्राष्ट्रीय हथियार तस्कर

→ मादक पदार्थों का दुर्व्यापार
  उदा. FARC, कोकीन

→ धनशोधन + जबरन वसूली और अपहरण
  उदा: - बोको हरम

→ क्षेत्रीय नियंत्रण
  उदा: - ISIS - सीरिया

→ राजनीतिक भ्रष्टाचार
  उदा: - मैक्सिकन कार्टेल्स

- Black hole syndrome
  - ↙ राजनीतिक अपराध
  - ↘ व्यवसायिक आतंकवाद

- Int सहयोग :- 1988 UN कन्वेंशन - अवैध मादक पदार्थ
  - 2000 की संयुक्त राष्ट्र संधि
    ↳ पार - संगठित अपराध

- वैश्विक अभियान • ऑपरेशन लॉयनफिश (इंटरपोल)
  ↳ मादक पदार्थों के दुर्व्यापार को रोकने हेतु
  • ऑपरेशन पेंगियो - अवैध ऑनलाइन ड्रग्स के विरुद्ध

- भारतपोल
- वैश्विक संगठित अपराध सूचकांक भारत- 61 Rank

साइबर सुरक्षा :-

प्रकार-
- हार्डवेयर एवं नेटवर्क पर हमले
  - → डिनायल ऑफ सर्विसेज
  - → ब्लूजेकिंग
  - → I.P. स्पूकिंग
- सॉफ्टवेयर और प्रणाली हमले
  - → हैकिंग / मेलवेयर

- साइबर बुलिंग + साइबर स्टॉकिंग, रिवेंज Porn (साइबर धमकी एवं उत्पीड़न)

- दक्षिण पूर्वी एशिया उभरता क्षेत्र

साइबर वारफेयर

उदा. – ताइवान (2023) → चीन (मैलवेयर अटैक)

उदा. – भारत में पावर ग्रिड पर हमला

उदा. – सोनी पिक्चर्स (2014) → उत्तर कोरियाई हैकर्स ने

उदा. – स्टक्सनेट वॉर्म (2010) → इसने मेलवेयर युक्त USB के माध्यम से ईरान की परमाणु प्रणाली को निशाना बनाया

- संयुक्त राष्ट्र साइबर अपराध कन्वेंशन - 2025
  - ↳ साइबर अपराध पर पहला बाध्यकारी विधिक दस्तावेज

उदा.

- उन्नत साइबर सुरक्षा संचालन केन्द्र
  - ↳ केरल द्वारा
- ऑपरेशन साइबर शील्ड
  - ↳ राजस्थान पुलिस
- डिजिटल वॉरियर्स
  - ↳ UP पुलिस
  - ↳ फेक न्यूज से निपटने के लिए
- ऑपरेशन चक्र
  - → CBI
  - → डिजिटल संपत्तियों के विरुद्ध